JN024505

志麻さん式
定番家族ごはん

タサン志麻

『志麻さん式 定番家族ごはん』は こう読む！

この本では、伝説の家政婦・志麻さんのおいしいレシピと、
料理上手になれるテクニックを紹介しています。
志麻さんのレシピとワザを、タイプ別に活用する方法を提案します。

あなたの夕食の献立作りの状況は…

夕食の献立を考えるのが苦手…。
毎日「今日は何にしよう…」に追われている。

「メイン10品」と「付け合わせ10品」で2週間、思い切って**メニューを固定**してしまう

今回紹介する「メイン10品」「付け合わせ10品」は、連日食卓に並べても、バランスがいいレシピになっています。毎日、献立を考えるのがストレスになっているようなら、忙しい月〜金曜だけでもメニューを固定してしまいましょう。メニューが決まれば、買うものだって決まります。週に2〜3回、必要なものを書き出してまとめ買いすれば、スーパーに行く回数が減り、買い物の効率もアップします。

献立作りは得意ではないけれど、
その日の気分でメニューを決めたい。

1週間のメインを、「肉」か「魚」かだけは決めておく

月〜金曜の献立を、毎日イチから考えるのでなく、週末に「月曜日は肉」「火曜日は魚」などと、素材だけを決めてしまうのもおすすめ。その上で、食べたい肉や魚を購入し、その日の気分でさっぱりと蒸し料理にするか、ソースを添え、しっかりとした味つけにするかなどを考えましょう。レシピでは豚肉になっているものを、特売だった牛肉に替えてみるなど、工夫してみてもいいですね！

毎日、献立を考えるのが楽しみ！
買い物も好きだし、その日の気分で作りたい。

買い物で食べたい食材を買って、レシピをアレンジ！

「今日、何を食べようかな」が楽しみで、ほぼ毎日スーパーにも行くという人は、あえてレシピに縛られないのもおすすめ。店頭で食べたいと思う食材や、特売になっているお肉など、好きなように買ってみましょう。レシピ通りの食材にならなくても大丈夫！　鶏肉を豚肉に、にんじんを大根にするなど、レシピの食材を別のものに替えて作ってみましょう。新しい発見がありますよ。

献立はこの順番で考える

メインからスープまで、ズラリと紹介されたレシピを見て、どこから手を付けたらいいのか悩んでしまう人もいるはず。そんなときは、次のステップで考えるとスムーズです。

STEP 1 メインを決める

体調がすぐれないならあっさり系、お腹がすいているならガッツリ系などと、その日の気分でメインを決定。冷蔵庫にある食材で決めても OK です。揚げ物やトマト煮、ステーキなど塊肉の料理はガッツリ系、しゃぶしゃぶ系や蒸し料理、ポトフのようなコンソメ煮はあっさり系といえます。

STEP 2 付け合わせを決める

メインが塊肉や揚げ物、煮込み料理のように、しっかりとしたメニューなら、付け合わせはゆで野菜やじゃがいものピュレなど、塩を利かせない、シンプルな料理を選ぶのがおすすめ。クリーム煮やソテーなどは付け合わせのなかでもしっかりとした味なので、蒸し料理など、さっぱりしたメインに。また、メインに彩りが足りないときは、付け合わせに緑の野菜やにんじんなど華やかな色を用意すると、目でも食欲をそそります。

STEP 3 スープを決める

スープも、コンソメ系はあっさり、ポタージュはぽってりとしたスープです。メインとのバランスで選ぶのもいいですよ。また、メニュー全体が野菜不足だったり、子どもが付け合わせの野菜を好まなかったりする場合は、野菜をたっぷり入れた具だくさんのスープにするのもいいでしょう。ポタージュや野菜をじっくり煮込むスープよりも、コンソメ系のほうが短時間で作れます。食事までの時間で考えてもいいですね。

主なメイン料理の調理法の特徴

蒸す

肉や魚を鍋やフライパンに入れ、少量の水分を加えて、蓋をして加熱する方法。野菜と一緒に蒸す場合、野菜から水分が出るので、水分をほとんど加えなくてもおいしく蒸し上がります。少量の調味料でさっぱりとした味わいに。

ソテー or ポワレにする

フライパンで焼く調理法。ソテーは高温でサッと焼く方法で、速く火を通したいときに向いています。ポワレは油やバターを引いたフライパンで、食材を動かさずにじっくりと焼き色をつけながら焼きます。ソテーよりは時間がかかり、しっとりとした仕上がりに。

揚げる

火の通りが速い調理法。食材が油を吸う分、パンチのある料理になります。たっぷりの油でなく、フライパンに1～2cm程度の深さに油を入れて、食材をひっくり返しながら揚げ焼きにするのが志麻さん流。残る揚げ油が少なくなることで、片づけがラクになります。

煮込む

肉と野菜を、たっぷりの水分と一緒に火にかける調理法。鍋を火にかけたらあとは放っておける一方で、調理には時間がかかります。夕食の時間までに余裕があなら、煮込んでいる間に別の料理を作ったり家事をしたりできて効率がいいので、おすすめです。

Contents

PART 2 付け合わせ10品 作り置き×パパッと調理で、もう悩まない！……45

PART 3 スープ5品

PART 4 離乳食&移行期3品

PART5 とっておき5品
休日の豪華メインで食べる喜びを満喫する

この本のレシピについて

・大さじは15ml、小さじは5mlです。
・電子レンジは600Wでの加熱を目安にしています。
・調理時間と材料の人数は目安です。
・野菜は特に表記がない場合、洗う、皮を剥くなどの作業を済ませてからの手順で紹介しています。

子育て家庭にフレンチがおすすめの理由

「フランス料理」には、レストランで食べるコース料理のような豪華な食事と、一般家庭で食べられているシンプルで素朴な食事とがあります。フレンチと聞いてレストランの料理をイメージすると「難しそう！」と思うかもしれませんが、私が紹介するフレンチのレシピは、フランスの家庭料理です。

以前は、おいしくて素朴な、私が大好きな料理として紹介したいと思っていました。今はそれに加えて、「実はフランス料理って簡単だし、手間が掛からない。子育てしながら仕事をする、共働きの家庭にもぴったり！」と思うようになりました。それは、私自身が子育てしながら働くようになって実感していることだからです。

なぜフランス料理がおすすめなのか、料理そのものの話を中心に左のページにまとめましたが、配膳にも理由があります。それは、細かい盛りつけをしなくてもいいこと。日本の食卓の定番は、ご飯、味噌汁、主菜、副菜のお皿が別。それが家族分用意されることが多いと思います。フランス料理だと、大皿に盛って食卓での取り分けるのでＯＫ。煮込みなどは、出来上がったら鍋のまま食卓に出してしまうことも。主食をパンにするときは、カゴにバサッと出して各自で取っています。

「あれ取って」「これ食べる？」――そんな会話も生まれるフランス式の食卓は、忙しくて、気づいたら子どもの話を聞く時間がなくなってしまうようなときにも、強い味方です。

理由 1

下ごしらえは基本的に「塩」だけ！味つけがシンプル

フランス料理は、基本的に塩だけで味を決めるのでシンプル。最初に肉や魚に塩をしてうまみを引き出し、最後に味見しながら塩で調えます。調理の段階ごとに少しずつ足すので、味も決めやすく、複数の調味料を使うよりも味がぶれないので、料理が苦手な人でも、安定しておいしく作りやすいのです。

理由 2

ガッツリお肉にはゆで野菜 etc. バランスが取りやすい

フランス料理のメインは、肉や魚だけで作るものも多いです。だから、付け合わせは野菜が中心。こうして分けて考えるので、メインが濃い味なら付け合わせには塩を加えない、日中の食事が野菜不足なら夕食は野菜を増やすなど、味も栄養もバランスが取りやすいのです。

理由 3

ほったらかし料理が多いから、時間に余裕が生まれる

煮込み料理もオーブン料理も調理時間は長いのですが、調理中は放っておけるので、その時間を家事や子どもの相手に充てることが可能。フライパンを使う料理も、炒めるのでなく、素材を動かさずじっと焼きつけるので、その間に野菜を切ったり洗い物をしたりと、手際良くできます。

理由 4

野菜料理のバリエーションが多く、子どもに挑戦させやすい

食材も味つけもシンプルですが、火の通し方でバリエーションをつけるのがフランス料理。同じにんじんでも、生でサラダにしたり、軽くゆでたり焼いたり、軟らかくゆでてつぶしてピュレにしたり…。調理法でバリエーションを出せるので、野菜が苦手な子にも挑戦させやすいのです。

編集者は見た

私たちも志麻さんになれる！

伝説の家政婦の料理の手際をマスターする

志麻さんがすごいのは、料理のおいしさだけじゃない！　3時間で10品以上完成させていきますが、料理が終わったときにシンクを見ると、洗い物もゼロ。ゴミもきれいに捨てられて、作業スペースの汚れも拭き取られてピッカピカなんです。

「レストランの厨房は常に時間に追われているので、そこで鍛えられました。さらに、3時間以内に十数品作りながら、片づけも終わらせるという、家政婦の仕事を通じて、家庭の台所でも効率よく作業できるコツが分かりました」と志麻さん。

おいしい料理を作りながら、洗い物も終わらせられるなんて、子育て家庭の理想！志麻さんの手際の秘密を紹介します。

志麻さんの「これはやらない」

① 最初に材料を全部切らない

> 食材は必要なタイミングで切るのが基本

「肉や魚に塩をした後や、食材をフライパンや鍋に焼きつけている間など、調理中に“待つ”時間が多いのがフランス料理。その間に野菜を切ることができるので、最初に全部切ることはありません」

② 1から10まで丁寧にしすぎない

> 「きれいに作る」にもメリハリをつける

「ハンバーグの表面はツルンとさせる、食材を大きく切って豪華に見せるなど、不可欠な手順やコツはあります。けれど、きれいな小判形にしたり野菜の面取りをしたりなど、必要以上に丁寧にはしません」

③ 油はたくさん使わない

> 揚げ焼きで「油の処理」を人生から排除する

「家政婦の仕事を通じて得た習慣のひとつが、揚げ物の油を最小限にすること。食材を片面ずつ、ひっくり返しながら揚げ焼きにします。揚げ油を処理する必要がなくなり、後片づけが断然ラクに」

④ 料理ツールを増やさない

> 万能の調理器具菜箸を使いこなす

「道具が少ないほうが収納場所も取らず、料理中にどの道具を使おうかと迷うこともありません。特に菜箸は、混ぜる、炒める、ひっくり返す、つまむなどを1膳でできる、万能の調理器具です」

⑤ 計量カップ、軽量スプーンに頼らない

> 目分量で作れれば、時間も洗い物も少なくなる

「私は基本的に目分量です。慣れるまでは計量カップや軽量スプーンを使うといいと思いますが、最終的には自分の感覚で覚えられると、手間が減るし、料理もグッと楽しくなります」

料理の手際の

ルール

「作る料理によって、作業の順番も変わってきますから、ここで紹介するのは一例にはなります。けれど、意識することは変わらないので、参考にしてください。『火を使う作業』の合い間に、それ以外の作業をすると考えるといいですよ」(志麻さん)。料理を始める前に、今日の料理に必要な作業をイメージしてから取り掛かりましょう。

最初にやること

あとで加工する食材は優先的に作業

じゃがいものピュレ用のじゃがいもや、ハンバーグに入れる玉ねぎのみじん切りなど、火を通したものが“材料”になる野菜は、真っ先に取り掛かる。「白和えに使う豆腐のように、水切りが必要なものも、最初に取り掛かりましょう」。

コンロに鍋やフライパンを置いてしまう

「私は料理を始めるとき、まずコンロに、使う鍋やフライパンを置き、フライパンには油を引いてしまいます。切った食材をどんどん鍋に移したり、肉や魚に下ごしらえしながら火をつけて、すぐに焼き始めたり。作業がスムーズになりますよ」

調理の順番

時間のかかる料理から取り掛かる

煮込み料理やオーブン料理のように、火を通す時間が長いものから取り掛かる。焼いたり蒸したり、調理時間が短く、熱々で食卓に並べたいものは最後に完成するように調整を。

下ごしらえや切る作業は、その都度やる

全部の食材を最初に切ってしまうのでなく、必要なタイミングで皮を剥き、切っていく。「肉や魚の塩も、長く置くと水が出てしまうので、私は調理するタイミングでするようにしています」。

合い間にすること

切る、和える…火を使わない調理

「フレンチの場合、一度火にかけたら食材を触らない料理がほとんど。鍋やフライパンを火にかけている間に、次に入れる食材を切る、あるいは生で食べるサラダなどの調理をすると効率がいいです」

使ったツールを洗う

「特に生肉や生魚に触れた調理器具は、衛生面を考えて、すぐに洗う必要があります。そのほかの調理器具も手が空いたタイミングで洗うようにすると、料理が終わるときにはキッチンがスッキリ。調理の途中に洗い物をすると常に手が清潔に保たれるので、衛生面でも合理的です」

志麻さんの家のコンロは2口!
作る順番を考えてやりくりする。

「コツさえつかめば、誰でも手際よく料理できます」と志麻さん。

From 編集担当

志麻さんに手際を良くするコツを聞いてから、家で料理を始める前に目を閉じ、「私は志麻さん」と心で唱えてから料理しています。そして、紹介されたコツを実践していくと、本当に料理が終わる頃には洗い物も終わっていて、料理中に子どもの相手をする余裕まで生まれました。皆さんも「私は志麻さん」に挑戦してみてください。

「面倒くさい」が「楽しい」に変わる

覚えたい！ 志麻さんテク

とにかく覚えて、実践して、体で覚えたい、料理することが「ラクになる」→「楽しくなる」→「得意になる」テクニック。ここでは、「買ったほうが早いんじゃない?」と思うホワイトソースや、うまくできずにイライラする玉ねぎのみじん切りなど、料理する上で少し面倒くさいと思えることを、ラクチンにするテクニックを聞きます。

手作りホワイトソース

コツが分かれば超カンタン！

丸暗記

バター1 ： 小麦粉1 ： 牛乳10

材料（作りやすい量）

バター（有塩）…30g
小麦粉…30g
牛乳…300ml

作り方

① 小鍋にバターを中火で熱し、バターが溶けたら小麦粉を入れ、粉気がなくなるまで2〜3分混ぜる。

焦がさないように注意しながらふつふつと。

② ふつふつと煮立ってきたら、牛乳の1/3量を入れて、ダマにならないように混ぜ合わせる。

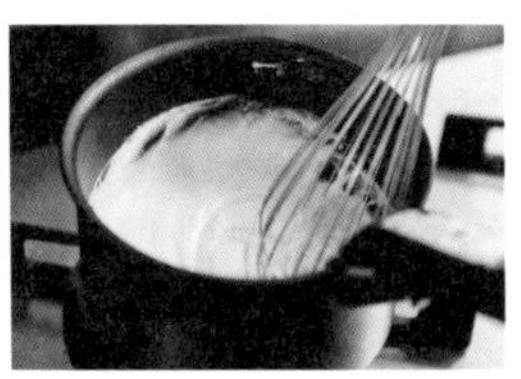

牛乳は冷たいものでOK。ここで粉っぽさがなくなるまでしっかり混ぜると、ダマができない。

③ 残りの牛乳を少しずつ加え、なめらかになるまで混ぜ続ける。

このくらいの硬さが基本。料理や好みに合わせ、少しずつ牛乳を足して調整を。

From志麻さん

分量の配分を覚えてしまえばレシピを見なくても作れるようになり、グラタンを作るハードルも下がります。冷凍庫で1カ月保存できますから、多めに作っておくと便利ですよ。

もうイライラしない！ 玉ねぎのみじん切りのコツ

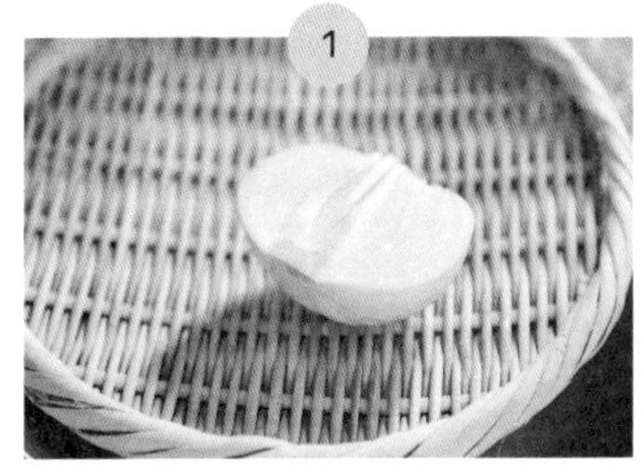

1

玉ねぎは、皮をむいて、縦に切るところからスタート。端のくっついている根の部分は切り落としてしまわないのがうまく仕上げるコツ。

2

くっついたままのほうを奥にして、繊維に沿って2～3mm幅で縦に切っていく。奥1cmくらいはくっつけたまま残し、完全に切り離さないようにする。

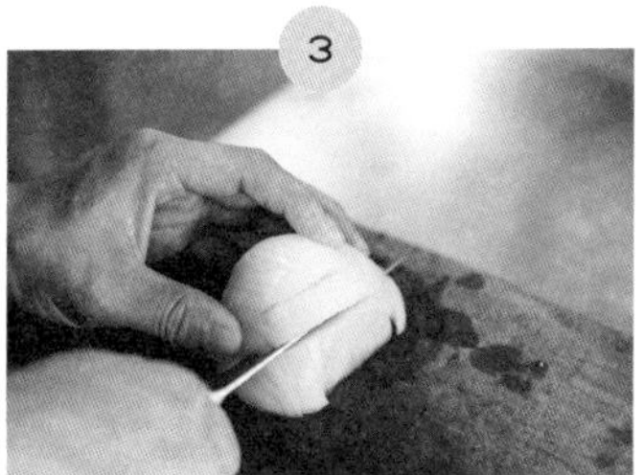

3

写真のように水平方向に、玉ねぎの真ん中くらいまで包丁を入れていく。このとき、完全に水平でなく、斜め下に向かって入れることで、切れ込みが動きずらくなり、みじん切りしやすくなる。

4

まな板に垂直方向に2～3mm幅で切り、みじん切りにしていく。3の切れ込みが終わるところまで来たら、改めて水平方向に包丁を入れ、最後までみじん切りにしていく。

洗い物を減らすプチテクニック

トマト煮の水はトマト缶を使って入れる

トマト缶を入れた後に水を足すとき、その空き缶を使うと、缶にこびりついたトマトもきれいに使える。内容量＝分量なので計量も簡単！

小麦粉はふりかけて、まぶす

食材に小麦粉をまぶすときは、まず食材を並べ、その上にドバッと小麦粉を出す。食材を端から1つずつ取り、小麦粉の上で回転させながらまぶしていけば、小麦粉用のバットを用意する必要なし。

塩を振ったまな板に食材を置き「両面に塩」を1度で解決

まな板などに先に塩をして、その上に食材を置く。それから上面にだけ塩をすれば、ひっくり返さずに両面に塩を振れる。

「キッチン道具は最小限」が手際を上げる鉄則！

家政婦の仕事では、伺った家庭の台所にあるものを使います。鍋やボウルの数も違うし、便利な道具もあったり、なかったり。そんななかで、「基本の道具だけ」で料理する力がつきました。ここに紹介するのは、普段私が家で使っているもの。あまりの少なさに驚かれることも。けれど、道具の数が減れば洗い物の数が減るし、自然に手際も良くなります。使う道具をミニマムにするのは、料理上手への第一歩かもしれません。

小さいまな板

私が愛用しているのは、「BIKITA Wood Life」の幅15cm×長さ30cmの「舟形ボード」。キッチンスペースを占拠せず、鍋の上に持っていき、切った野菜をそのままザッと入れられて便利です。

ペティナイフ

硬い野菜などを切る以外は、基本的には洋包丁のなかでも最も小さい「ペティナイフ」1本で料理します。調理師学校を卒業したときに買ったものを、自分で研ぎながら使い続けています。

ステンレスのボウルとざる

ボウルは大中小の3つ、ざるは大小2つ。いずれも「新越金網」のものです。ボウルの縁に巻き込みがなかったり、ざるの底に足がなかったりすることで、汚れがたまりにくく衛生的。ザルは特に、水切りだけでなく、ピュレ用の野菜をこすのにも使うので、洗いやすいのが助かります。

ピーラー

野菜は皮に近い部分の栄養価が高いので、皮はできるだけ薄くむきたい。なので、ピーラーでむくのが基本です。持ち手が長く握りやすいと、作業のスピードも上がります。

千切りスライサー

「貝印 SELECT100」の千切りスライサーは、私が家政婦を始めた当初、唯一持参していたアイテム。主に、にんじんを千切りにして作るキャロットラペで使いますが、切れ味が良くてお気に入りです。

菜箸

混ぜる、ひっくり返す、盛るといった料理の作業は、菜箸1膳あれば足ります。生肉に触れたツールは必ず洗ってから次の料理に使いますが、菜箸ならサッと洗えて水切れも速いです。

鍋セット

「ティファール」の5点の鍋がセットになったものを使っています。持ち手が外れるので、オーブンに入れたり、そのまま食卓に出したりするのにも便利。鍋はもちろん、フライパンにも専用の蓋があるものを選びます。

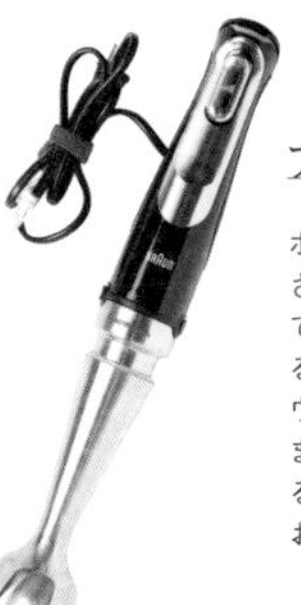

ブレンダー

ポタージュを作るとき、ざるでこしてもいいのですが、ブレンダーがあると便利。私は「ブラウン」のものを使っています。野菜をスープにするのがラクになるので、おすすめです。

常備野菜は玉ねぎ・にんじん・じゃがいも！

しっかり炒めて料理にうまみを加える玉ねぎは、登場頻度が最も高い野菜です。そのほか、にんじんとじゃがいもは活用範囲が広いし日持ちするので、「とりあえず買っておく」野菜に最適。私が使うじゃがいもは、煮崩れしにくいメークイン。形が細長くツルンとしていて、ピーラーでむきやすいのも利点です。

PART 1

メイン

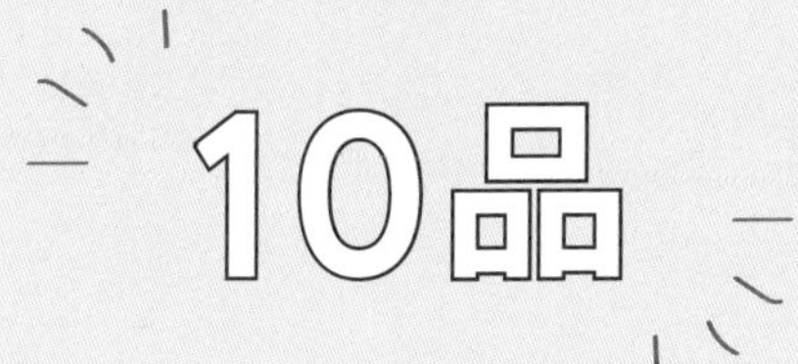

定番ハンバーグから15分で
完成できるごちそうまで

「フレンチな家庭料理」は家政婦の仕事で鍛えられました

私は家政婦として、たくさんの家庭で料理をしてきました。そして今は、さまざまな場所でレシピを紹介する仕事もしています。そのベースにあるのが「フランス料理」。調理師学校でフレンチを学び、フレンチレストランで料理人として働いたことが、今につながっています。

レストランで働いているときに作っていたのは、多くの人がフランス料理としてイメージするような、コース料理に代表される〝特別な〟料理でした。けれど、私が本当に好きだったのは、留学中に食べたり、レストランのまかないで食べたりしていた、フランスの素朴な家庭料理。日本の人にも、おいしいフランスの家庭料理を知ってもらえたらいいな、と思っていました。そんな思いをかなえてくれたのが家政婦の仕事でした。

家政婦を始めたのは、結婚してからです。当時働いていたレストランの仕事は、朝から晩まで立ち仕事。妊娠中や子育てをしながら続けるのは難しいと考え、自分のペースで働ける家政婦の仕事をすることに決めました。

3時間以内で作り置きを十数品、終了時には台所の片づけも終えておくことを頼まれることが多かったのですが、伺う家庭ごとに味の好みも家族構成も違うし、持っている調理器具も調味料も違います。材料も調理器具も、基本的には伺った家庭のものを使うようにしていましたから、最初の頃は時間内に終わらないなど、失敗することもありました。けれど、経験を重ねていくうちに、自分なりに工夫しながらできるようになり、同時に、大好きなフランスの家庭料理と、フランス人に教わった「家族のごはん」の楽しみ方を伝えられる家政婦の仕事は、私がずっとやりたかったことだと思えるようになりました。

苦手意識を克服する秘訣はフレンチにあり!?

家政婦の仕事では、和・洋・中華・エスニック…毎日飽きないように、好みに合わせていろいろなものを作ります。けれど、長く携わってきたフランス料理に私自身は思い入れがあるので、たくさんある作り置きのなかに、できるだけフランス料理も入れていました。先ほど「調理器具はその家庭のもの使う」と言いましたが、当初は千切りスライサーだけは持参していました。それは、にんじんを千切りにしてレモンとオリーブオイルで和える、フランスの定番サラダ「キャロットラペ」はどうしても食べてほしかったからです。使っている食材は、にんじんだけ。作り方もシンプルだから、誰でも簡単に作れます。けれど、食卓に並ぶとオレンジ色が華やかで、さっぱりとした味わいも新鮮！　私が伝えたかった、簡単なのにおいしくて、家族が笑顔になるフランス料理そのものなのです。

子どものいる家庭のリクエストに多いのが、「子どもが苦手な食材を食べられるようになる料理」ですが、それも「フランスの家庭料理」で作っていました。煮込みでしっかり火を通せば野菜の青臭さがなくなり、食べやすくなります。切り方を変えたり、こんなふうに盛りつけるといいですよとアドバイスしたり。いつもと違う演出で、おいしそうに見せるようにも心がけました。和食や中華が多い日本の家庭料理のなかにフランス料理が登場すると、子どもも「あれ?」と興味を持って食べるのかもしれません。実際に、「子どもたちが苦手な野菜も食べました」という報告を聞くとうれしくて、もっともっとフランスの家庭料理の良さを伝えたいという励みになりました。

家政婦の仕事だけでなくレシピの仕事もするようになり、私が伺えない日本全国の人たちに、私の思いを伝えられるようになりました。レシピを知ってもらうだけでなく、「フランス料理ってこんなに簡単なんですよ」と伝えることで、料理が苦手だったり面倒だと思っていたりする人がラクになり、楽しいと思えるようになってくれるといいな、と思っています。

「必要最小限」のルーツは家族の台所に

家政婦の仕事で身に付いたことがあります。それは、必要最小限の材料や調理器具で料理をすること。その家の調理器具と冷蔵庫にある材料だけで十数品作るなかで、試行錯誤しながら、少ない食材で多くの料理を作ること、洗い物を減らすことで時間を節約するようになりました。レストランの厨房は、次々に入るオーダーをこなすために、常に時間に追われています。そんななかで、手際良く料理することが身に付いたのですが、それは3時間という決まった時間内で、調理から片づけまでを行う家政婦の仕事に生きました。さらに、出版の仕事をするようになり、「これは、たくさんの人の料理の悩みを解決するヒントになる」と思うようになりました。

次から紹介するのは、フレンチなメイン料理10品です。今までお話したような、簡単で、食卓に並ぶと華やかで、子どもも大好きな料理を選びました。材料はできるだけ少なく、調理器具や調味料も、普通の家庭にあるものだけで作れるように意識しています。この本で紹介している手際が良くなるコツを取り入れながら、作ってみてください。食事を作るお母さん、お父さんがラクになり、大人も子どもも笑顔になれる。そんな「家族のごはん」のお手伝いができたらうれしいです。

材料 ひき肉 × 調理法 焼く

調理目安 20分

丸暗記するべき基本レシピ！　タネはさまざまに応用可能

志麻さん流・基本のハンバーグ

材料（4～6人分）　余った分は保存して、応用レシピに。

合びき肉…500g
玉ねぎ…1個
牛乳…1/2 カップ（100ml）
食パン（6 枚切り）…1 枚　パン粉1カップで代用できる。
卵…1個
塩…小さじ 1/2
黒こしょう…適量
A　トマトケチャップ…大さじ 2
　　中濃ソース…大さじ 1
サラダ油…大さじ 1

作り方

① 玉ねぎはみじん切りにする。ラップに包み電子レンジ（600W）で 2 分加熱し、冷ましておく。

② ボウルに牛乳、溶いた卵を入れ、食パンをちぎって入れる。そこに、ひき肉と①の玉ねぎを加え、塩・こしょうをし、粘り気が出るまでしっかりとこねる。

糸が引くくらいしっかりこねる。

③ フライパンにサラダ油を中火で熱し、8 等分にした②を丸く形を整え、並べて焼く。8 等分は目安。子どもの食欲に合わせて、好みのサイズでOK。

④ 焼き色がついたら裏返して、蓋をして弱火で 6 ～ 7 分焼く。竹串を刺し、透明の汁が出てきたら焼き上がり。1 個の大きさで焼き時間は変わるので必ず確認を。

このくらいの焼き色がついたら裏返す。

⑤ 一度火を止め、フライパンを傾けて余分な脂をキッチンペーパーで拭き取る。このとき、すべてを拭き取ってしまわず、大さじ1程度の脂を残す。

⑥ ⑤に A を加えて中火にかけ、脂と合わせ、ハンバーグに絡めながら、ソースがひと煮立ちさせる。

☑ **ハンバーグの応用レシピ → p.24 , 25**
☑ **ハンバーグのタネが別の料理に → p.104 , 106**

志麻さんの「おいしい」ワザ

成型の手間はメリハリを

→

丁寧に小判型にしなくて OK。3～4回、右手と左手とでキャッチボールし、大きめの卵型にしたら、フライパンにポンと置いて、軽く上から押さえるだけ。ただし、きれいな焼き色をつけるため、表面はツルッときれいにすること。

付け合わせはカリカリポテト → P.54
大人は2個、子どもは1個
などと量を調整。

調理目安
15分

ハンバーグアレンジ ①

作り置きを重ねて焼くだけのササッとメイン!

ハンバーグドリア

材料（1人分）

ハンバーグ…2個 ― P.22で作り置きしたハンバーグ。
ご飯…1膳分
ホワイトソース…大さじ4/5 ― 作り方は→p.14
溶けるチーズ…40g

作り方

① 耐熱皿にご飯を入れ、上にチーズ10gを散らす。

② 一口大に崩したハンバーグを均等にのせ、ホワイトソースをかけて、上にチーズ30gを散らす。

③ オーブンまたはオーブントースターで、チーズが溶けてこんがりと焼き色がつくまで加熱する。オーブンなら230℃に予熱して約10分、トースターなら1000Wで約10分が目安。焼き色の様子を確認し、上の完成程度になったら取り出す。

フォークでざっくり崩して。

ハンバーグのソースも一緒にのせる。

ハンバーグアレンジ ②

調理目安
15分

子どもがいない日の簡単ランチにも

スパゲティボロネーゼ

材料（1人分）

- ハンバーグ…2個 ── P.22で作り置きしたハンバーグ。
- スパゲティ…100g
- にんにく（みじん切り）…1かけ
- カットトマト…1/2缶（200g）
- バター…大さじ1
- 塩・こしょう…各適量
- オリーブ油…大さじ1

スプーンを使って、つぶすように崩す。

作り方

① 鍋にたっぷりの湯（分量外）を沸かし、3％の塩（分量外）を入れて、スパゲティを袋の表示時間通りにゆでる。ゆで上がったらざるにあげ、バターをからめておく。

② フライパンにオリーブ油、にんにくを弱火で熱し、ハンバーグを入れてほぐす。ほぐしすぎず、ざっくりと。

③ すぐにカットトマトを加えて中火で5分ほど煮詰め、塩・こしょうで味を調える。

④ 器に水気を切ったスパゲティを盛り、③をかける。

材料

豚の薄切り × 煮る

調理法

調理目安

30分

「辛い」が苦手な子どものカレー代わりに

豚肉のハヤシライス

材料（2人分）

豚ロース肉（しゃぶしゃぶ用）…300g
玉ねぎ…1個
カットトマト…1缶（400g）
水…1カップ（200ml）
コンソメ（固形）…1個
トマトケチャップ…大さじ2
中濃ソース…大さじ1
塩・こしょう…各適量
オリーブ油… 大さじ1
ご飯… 2膳分

作り方

① 豚肉は3等分の長さに切る。玉ねぎは縦半分に切ってから、繊維と垂直に薄切りにする。

② フライパンにオリーブ油を中火で熱し、玉ねぎを入れて焼き色がつくまで炒める。

③ 豚肉を入れて塩・こしょうをし、肉の色が変わるまでさっと炒める。

④ カットトマト、水、コンソメを入れて、強火で20分ほど煮る。

⑤ ケチャップと中濃ソースを加えて混ぜ合わせ、塩で味を調える。

⑥ 器にご飯を盛り、⑤をかける。

志麻さんの「おいしい」ワザ

玉ねぎは用途に合わせて切り方を変える

繊維に逆らって切ると、加熱後も食感が残る。生でサラダに使う場合などは好みに応じて、繊維に沿って切り、しんなりさせてもいい。

玉ねぎの縁が茶色く色づく程度で豚肉を投入。

玉ねぎを端に寄せ、できたスペースに豚肉を広げる。

写真くらいに煮詰まったら、仕上げに入る。

ケチャップの甘みで
子どもも食べやすい。

材料　　調理法　　調理目安

シーフードミックス × オーブンで焼く　　30分

常備の冷凍食材でお助けの1品を！

シーフードグラタン

材料（2人分）

玉ねぎ…1個
冷凍シーフードミックス…150g
マカロニ…80g
ホワイトソース…300g
塩・こしょう…各適量
溶けるチーズ…40g
バター…10g

作り方は→p.14

作り方

① 鍋にたっぷりの湯（分量外）を沸かし、湯の1%程度の塩（分量外）を入れて、マカロニをゆでる。

② 玉ねぎは横半分に切ってから、繊維に沿って、縦に薄切りにする。

③ フライパンにバターを中火で熱し、玉ねぎと塩少々を入れて炒める。

④ 玉ねぎが透き通ってきたらシーフードミックスを凍ったまま入れて、蓋をする。

⑤ 火が入ったら、①のマカロニとホワイトソースの1/3の量を加えて混ぜ合わせ、塩・こしょうで味を調える。

⑥ グラタン皿に⑤を入れて、残りのホワイトソースをかける。

⑦ チーズを全体に散らし、230℃に予熱したオーブンで焼き色がつくまで10分ほど焼く。

オーブンがなければ、トースターでもOK。

マカロニは、袋の表示時間より5分長く、軟らかくゆでる。

ホワイトソースを絡めておくと、全体がなじむ。

志麻さんの「おいしい」ワザ

下処理の必要な食材は使わない

エビやイカなど、生鮮だと下処理の必要な海鮮は、冷凍のシーフードミックスを活用。冷凍庫に常備しておけば、買い物できない日のメインとしても活躍。

冷凍シーフードミックスが
大活躍する!
STAUB
STAUB

材料
豚肉 × 煮る

調理目安
45分

脱薄切り！ 塊肉で、「食卓が寂しい」から解放される

豚肉のトマト煮込み

材料（2人分）

豚バラ肉（ブロック）…400g
玉ねぎ（みじん切り）…1/2個
にんにく（みじん切り）…1かけ分
カットトマト…1缶（400g）
白ワイン…1/2カップ（100ml）
水…1/2カップ（200ml）
コンソメ（固形）…1個
ローリエ…1枚 — なければ入れなくてもOK。
塩・こしょう…各適量
オリーブ油…大さじ1

作り方

① 豚肉は水分をキッチンペーパーで拭き取る。大きめの一口大に切り、両面に塩・こしょうをしっかりして、下味をつける。

② フライパンにオリーブ油を中火で熱し、豚肉を入れて両面を薄い焼き色がつくまで焼く。

後から煮込むので、表面に焼き色がつけばOK。

③ 玉ねぎとにんにくのみじん切りを入れる。

オリーブ油と肉汁で玉ねぎを炒める。

④ 玉ねぎが透き通ってきたら、白ワインを入れてひと煮立ちさせ、カットトマトを入れる。

白ワインでフライパン表面についた肉のうまみを浮かせてから、カットトマトを入れる。

⑤ ④に水、コンソメ、ローリエを加える。蓋をして、肉が軟らかくなるまで30分ほど煮る。

⑥ 器に盛る。

志麻さんの「おいしい」ワザ

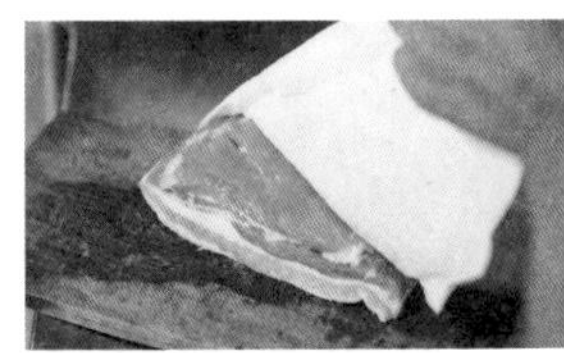

塊肉なら簡単に「手が込んでいる」風に！

「大きめにカットして煮込むだけで、存在感のある1皿になる塊肉（ブロック）。手間を掛けずに豪華な食卓を完成させられる優秀食材です」

ゆで野菜(p.52)をのせ、
彩りアップ!

材料

鶏肉 × 煮る

調理法

調理目安

45分

子どもが大好き！　クリーム煮をマスターする

鶏むね肉ときのこのクリーム煮

材料（2人分）

鶏むね肉…1枚（300g）
しめじ…1パック
しいたけ…4枚
エリンギ…1パック
白ワイン…1/2カップ（100ml）
生クリーム…1/2カップ（100ml）
塩・こしょう…各適量
オリーブ油…大さじ1

作り方

① 鶏肉の両面に塩・こしょうをしっかりして、下味をつける。料理を始める前に冷蔵庫から出して常温に戻すと、中まで火が通りやすい。

② しめじは小房に分ける。しいたけは石づきを切り、5mm幅に、エリンギは食べやすい大きさに切る。

③ フライパンにオリーブ油を中火で熱し、鶏肉を皮目から入れる。焼き色がついたら裏返し、もう片面も焼く。

④ ②のきのこを鶏肉の周りに入れる。白ワインを入れてひと煮立ちしたら、蓋をして25分ほど煮込む。

⑤ 生クリームを加えてひと煮立ちしたら、塩・こしょうで味を調える。

⑥ 鶏肉を取り出し、食べやすい大きさ（1cm幅くらい）に切って器に盛る。上からきのこのクリームソースをかける。

鶏肉の一番厚い部分から切り、火が通っていなければフライパンに戻して、数分煮る。

志麻さんの「おいしい」ワザ

とりあえず「生クリーム」を買ってみる

クリーム煮は、塩やコンソメベースのシンプルな煮込みに、生クリームを加えるだけの簡単な料理。生クリームを入れる前に、煮汁を煮つめて、うまみを凝縮するのがポイント。

後から煮るので、表面に焼き色がつけばOK。

水分が蒸発しないように、きちんと蓋をすること。

肉をスライスして並べれば、
豪華な1皿に！

材料　ソーセージ × 調理法　煮る

調理目安　**40分**

加工食品をメインに格上げする

野菜とソーセージのブレゼ

材料（2人分）

玉ねぎ…1個
にんじん…1本
じゃがいも…1個 ── 煮崩れしにくいメークインがおすすめ。
キャベツ…1/2個
粗びきソーセージ…4本
水…1カップ（200ml）
コンソメ（固形）…1個
塩・こしょう…適宜

作り方

① 玉ねぎは厚めのくし形切りに、にんじんは1.5cm幅の輪切りに、じゃがいもは一口大に切る。キャベツは大きめのザク切りにする。

野菜はこれくらいの大きさにカット。

② 鍋に①の野菜、ソーセージ、水を入れて中火で熱し、ひと煮立ちしたらあくを取って、コンソメを加える。

↓

野菜を先に入れてから、ソーセージをのせる。

③ 蓋をして、弱火で野菜が軟らかくなるまで30分ほど煮込む。最後に塩・こしょうで味を調える。

志麻さんの「おいしい」ワザ

“ブレゼ”で野菜たっぷりのメインにする

「少量の水分と弱火で蒸し煮にする調理法を、フレンチでは『ブレゼ』といいます。水分の多い野菜をたくさん使えば、水を加えなくても、おいしい煮込みになります」

野菜のうまみで
優しい味に。

材料　鶏肉 × 調理法　揚げる　調理目安　20分

「中まで火が通っている?」の不安を解決

ささみのやわらかフライ

材料（2人分）

鶏ささみ…4本
小麦粉…適量
卵…1個
パン粉…適量
塩・こしょう…各適量
サラダ油…適量

作り方

① 筋を取り、縦に切り込みを入れて開いたささみにラップフィルムをかぶせ、肉たたきや空きびんなどで上からたたいて薄くのばす。

② 両面に塩・こしょうをしたら、小麦粉、溶いた卵、パン粉の順に衣をまぶす。

③ フライパンに0.5cm程度の深さのサラダ油（フライパンの表面が油でしっかり隠れるくらい）を入れて中火で熱し、②を入れて両面を揚げ焼きにする。

④ 揚げ物バットなどにのせ、余分な油を切ったら、器に盛る。

志麻さんの「おいしい」ワザ

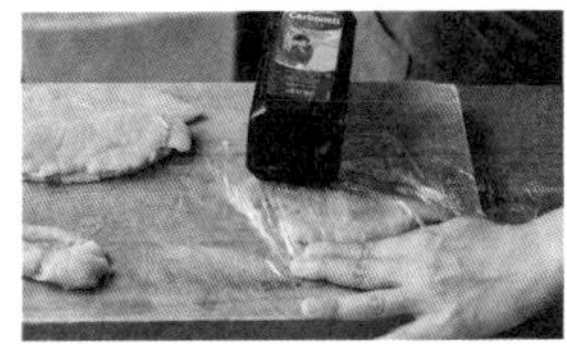

肉は空き瓶で薄くのばす

中まで火が通るか不安な揚げ物も、肉を薄くのばせば、短時間で火が通る。「専用の肉たたきがなくても、空き瓶で簡単にのばせます。たたくことで肉が軟らかくなる効果も」。

フライには、目の細かいパン粉がおすすめ。

少量の油で揚げる「揚げ焼き」は、調理後に揚げ油を処理する手間が省ける。

レタスやベビーリーフ、
レモンなどを添えて。

材料
ひき肉 × 炒める

調理法

調理目安
20分

半端な野菜を使い切り、やりくり上手に

キーマカレー

材料（2〜3人分）

合びき肉…300g
玉ねぎ…1/4個
ピーマン…2個
セロリ…6cm
にんじん…3cm
にんにく（みじん切り）…1かけ分
カレー粉…小さじ2
トマトケチャップ…大さじ2
塩・こしょう…各適量
サラダ油…大さじ1

作り方

① 玉ねぎ、ピーマン、筋を取ったセロリ、にんじんは粗みじんに切る。

② フライパンにサラダ油とにんにくを弱火で熱し、①の野菜と塩ひとつまみを入れて炒める。

③ 野菜がしんなりするまで炒め、しっかりと火が通ったら、ひき肉を入れて炒める。

④ 肉の色が変わったらカレー粉を入れて炒める。

⑤ ケチャップを加えて5分ほど煮たら、塩・こしょうで味を調える。

⑥ 器にご飯（分量外）を盛り、⑤をかける。

野菜はすべて同じ大きさに刻んで、火の通り方を均等に。

野菜にしっかり火を通すことで臭みが消えて、子どもも食べやすくなる。

しっとりと仕上げたいなら、カレー粉をカレールウにチェンジ。

志麻さんの「おいしい」ワザ

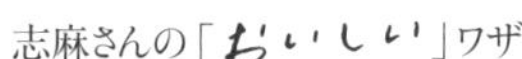

包容力のある“みじん切り”の魔法

野菜をみじん切りにして炒めるキーマカレーは、どんな野菜でもおいしくできる魔法の料理。材料の野菜はレシピ通りでなくて構わない。冷蔵庫に半端な野菜が増えたら、在庫一掃感覚で作ってみて。

みじん切りで、苦手な
野菜もおいしく食べる。

材料
魚 × 蒸す

調理目安
20分

フライパン1つで、メインも付け合わせも

白身魚と野菜の蒸し煮

材料（2人分）

白身魚の切り身…2切れ ― 今回はタラ。
じゃがいも…1個 ― メークインがおすすめ。
キャベツ…1/4個
白ワイン…3/4カップ（150ml）
コンソメ（固形）…1個
ローリエ…1枚
塩・こしょう…各適量

作り方

① 魚の切り身は両面に塩・こしょうをする。

② じゃがいも、キャベツは一口大に切る。

③ フライパンに②の野菜を入れて、上に魚とローリエをのせる。

④ 白ワインを入れて中火で熱し、ひと煮立ちしたらコンソメを加える。蓋をして15分ほど蒸し煮にする。

志麻さんの「おいしい」ワザ

忙しいときこそ「魚×フレンチ」

火が通りやすい魚の蒸し煮＝ブレゼは、フライパンでメインも付け合わせもできてしまう時短料理。味つけも塩とコンソメだけで簡単。

白ワインは、慣れたら目分量で。フライパンの材料の表面が覆われるのを目安に。

野菜はフライパン全面に均等に敷く。

野菜もたっぷりとれる
ヘルシーな一皿。

材料
魚 × 調理法
焼く

調理目安
20分

ソースを覚えてレパートリーを倍増！

鮭のポワレ with オレンジバターソース

材料（2人分）

生鮭（切り身）…2切れ
白菜…100g
豆苗…1パック
卵…1個
A
白ワイン…1/2カップ（100ml）
玉ねぎ…1/8個
オレンジ果汁…1/2個分
バター（角切り）…60g
塩・こしょう…各適量
オリーブ油…大さじ1

作り方

① 白菜はざく切りに、豆苗は5cm幅に切って、耐熱皿に入れてラップをふんわりとかけ、電子レンジ（600W）で6分加熱する。ザルに上げて水気を切っておく。

② 鮭は両面に塩・こしょうをする。フライパンでオリーブ油を中火で熱し、鮭を皮目から入れて両面をこんがり焼く。

このくらいの焼き色がついたらひっくり返す。

③ 材料Aと塩・こしょうでオレンジバターソースを作る（右参照）。

④ 器に①を盛り、鮭を上にのせて③のオレンジバターソースをかける。

志麻さんの「おいしい」ワザ

「○○しただけ」をソースでごちそうにする

シンプルに調理した魚や野菜を、ごちそうにしてしまうのがフレンチのソース。「今回は白ワインとバターに果汁を加えたソースを紹介します」。

薄切りにした玉ねぎを鍋に入れ、白ワインを加えて加熱する。ひと煮立ちしたら、塩・こしょうする。

バターを加え、とろみがつくまでしっかり混ぜ合わせる。

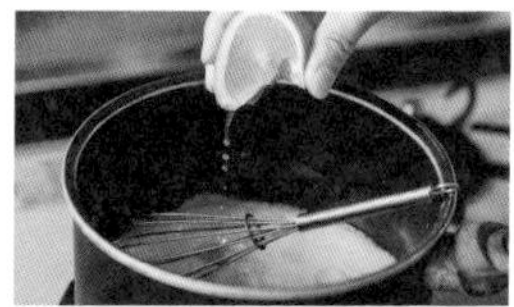

オレンジ果汁を加える。フルーツは、レモンやグレープフルーツなど、いろいろ替えて試してみて。量も味を見ながら、好みで入れてOK。

いつもの"焼き魚"が
おしゃれに変身!

L' éducation des
enfants à la Française
par Romain.

夫ロマンさんの「フランス流子育て」RAPPORT 1

悪いことをしたら厳しく叱る！愛情もメリハリをつける

私の家では家事も子育ても、当たり前に夫婦で分担しており、子どものしつけも２人でしています。私の場合、してはいけないことをしたり、わがままを言ったりしたときは、“Au coin（端っこへ）！”という言葉とともに部屋の隅へ連れていき、壁に向かって立たせます。激しく泣いても許しません。反省したであろう頃合いを見計らって近くに行き、今度はなぜ怒られたのかを言葉で説明します。

子どもを“お子様扱い”しないのがフランス流です。大人だって、いけないことをすれば厳しく指摘されます。同じように、子どもだからというだけで許すことはしません。「まだ言っても分からないし…」などと諦めず、きちんと説明します。目を見ていると、どんなに小さくても理解しているように感じます。

もちろん、一緒に遊ぶときは全力で遊び、褒めるときは思い切り褒めます。そのメリハリが愛情だと思います。

PART 2

付け合わせ

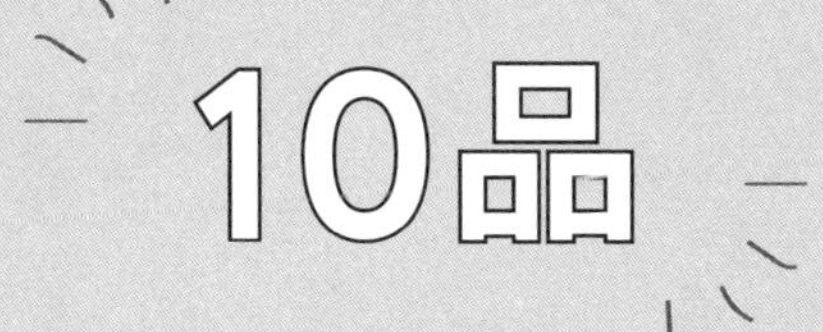

作り置き×パパッと調理で、
もう悩まない！

野菜の付け合わせのバリエーションが献立作りの悩みを解決します

フランス料理は、メインに〝garniture（ガルニチュール）〟が添えられます。日本語にすると「付け合わせ」。メイン料理と合わせて、味や栄養のバランスを取ったり彩りを加えたりする目的で添えられる、主に野菜を使った料理になります。ゆでたり簡単にソテーしたりするだけで、シンプルなのが特徴。頑張りすぎないうえに食事全体のバランスも考えやすい、フランスの「付け合わせ」という考えは、忙しい家庭にピッタリだと思います。

フランス料理は、食卓に並ぶすべての料理で味のバランスで考えます。しっかり塩を効かせたローストポークが今日のメイン。そう聞くと、ガッツリしていて濃いと感じるかもしれませんが、そんなときの付け合わせは、じゃがいものピュレ（→p.89）やゆでただけの野菜（→p.52）など、塩味すらつけていない、素材の味を生かしたものを選び、バランスを取ります。今日はさっぱりと食べたいと思えば、お肉を少なく付け合わせを多めに、疲れているからしっかり食べたいと思えば、お肉をたくさんというふうに、食べる人が体調に合わせて、自分のお皿の上でバランスを取ることもできます。

今回の本には、レシピとしては「こんなに簡単なものを載せてもいいのかな？」と思えるような、ゆでただけの野菜や焼いただけの野菜も載せています。それは、忙しいお母さんやお父さんが、この本だけで夕食を作りたいと思ったら…と考えたときに、どうしても外せない付け合わせだからです。

究極の付け合わせ「ゆで野菜」はタサン家でも活躍

私には、フランス人の夫と2人の息子がいます。上の子は2017年生まれで今は3歳。下の子は2歳離れています。平日は2人を保育園に預け、撮影や料理教室、家政婦の仕事など、毎日違う仕事現場に出かけています。子どもが小さいうちは家族の時間を大切にしたいので、仕事は夕方まで。きちんと夕食を作れる時間に帰宅するようにしています。

それでもやはり、忙しいときはバタバタです。けれど、「作り置き」はせず、毎日帰宅後30分程度で夕食の準備をします。その日の気分で何を食べようかな、と考える時間が好きですし、食卓のトータルバランスも考えやすいからです。そんなタサン家の食卓には、ゆで野菜がよく並びます。手軽で、冷蔵庫にある野菜を活用できて、どんな料理にも合うという、調理する上でのメリットももちろんですが、どうしても茶色くなるメインに彩りを添えてくれる、見た目の美しさも理由のひとつです。

また、子どもに野菜を好きになってほしいという思いもあります。苦手な野菜を刻んでハンバーグに混ぜてしまうという方法もありますが、それだと「野菜を食べた」という気分になりません。それよりは、見たままの野菜を、目の前でパパとママが「おいしい！」と食べて見せるほうが、ずっと苦手の克服に近づくと思うのです。実際に、子どもたちを観察していると、絶対に食べない日もあるのですが、食べてみようと意欲を見せて、少し食べることもあります。無理にでもお腹に入れることよりも、食べたい気持ちを育むほうが、長い目で見れば大切なのではないかと思っています。

切っただけのきゅうりを食べる姿で笑顔に

今回の付け合わせのレシピは、野菜を中心に、さっぱりとした味つけから、クリーム煮やトマト煮のようにしっかりとした味つけまでをそろえました。また、ササッと簡単に作れるものと作り置きに向くものとを用意したので、生活に合わせて活用してください。毎日、料理の時間をきちんと取れるなら作り置きは必要ないかもしれないし、忙しくて、夕食のメニューにいつも頭を悩ませているなら、休みの日に作り置きしておくと安心かもしれません。

また、子どもがゆで野菜で食べなかったものをクリーム煮にしてみるなど、調理法を変えて試してもいいかもしれません。レシピにある切り方がいつもと違うようなら、小さな発見です。野菜の切り方が変わるだけで、食べるようになる子どももいるんですよ！　野菜の付け合わせのバリエーションを持っておくと、子どもの栄養バランスを考えやすくなります。メイン料理にいろいろな食材を入れるより、メインは肉や魚を中心に考え、足りないものを付け合わせにするほうが献立を考えやすくなりますし、最近野菜を食べていないと思ったら付け合わせのボリュームを増やすことで調整できます。

実は、紹介していない、究極の簡単な付け合わせがあります。それは、切っただけの野菜！　わが家の長男はきゅうりが大好きで、自分で切って食べたがります。なので、切っただけのきゅうりが〝付け合わせ〟になることも。それだけ？と思うかもしれませんが、手間が掛かっていなくても、野菜をおいしく食べてくれるだけでうれしくて、私は笑顔になってしまいます。

どうしても忙しい、あるいは何を付け合わせにしたらいいか思いつかない。そんなときは、切っただけのきゅうりやトマトでもいいのです。私はお母さんやお父さんが眉間にしわを寄せて考えているより、開き直ってでも、笑顔で一緒に食卓を囲むことのほうが大事だと思います。

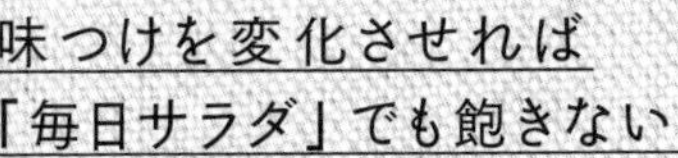

味つけを変化させれば
「毎日サラダ」でも飽きない

いろいろ ドレッシング

このページのサラダはサニーレタス。包丁でザクザク切るのでなく、ひらひらした葉先から、三角になるようにちぎっていくと、盛りつけたときにふんわりとなる。包丁を使わないので、子どものお手伝いにもピッタリ。

基本のドレッシング

材料

オリーブ油・サラダ油…合わせて大さじ3
りんご酢（または穀物酢）…大さじ1
イエローマスタード…小さじ1
塩…ひとつまみ

ドレッシングには、味がまろやかなりんご酢がおすすめ！

作り方

① ボウルに酢と塩を入れる。塩が溶けたら、マスタードを入れて混ぜる。

② オリーブ油とサラダ油を少しずつ加えて、泡立て器で乳化するまで混ぜる。

基本の作り方さえ分かったら、油をごま油にしてみたり、塩とマスタードの代わりに醤油や味噌を使ってみたりと、いろいろな組み合わせにトライしてみよう。

いろいろドレッシングはこう考える

油3 : 酸味1 + 味つけ

しょっぱい・甘い・辛いなど

油は1種類でなく、2～3種類混ぜると、味に深みが出る。オリーブ油とサラダ油など、家にある油をブレンドして使おう。

酢・ビネガーのほか、レモンやオレンジ、キウイなどの果汁もおすすめ。搾るだけでなく、すりおろして果肉ごと入れてもおいしい。

味噌や醤油なら和風、豆板醤（とうばんじゃん）やカレー粉ならエスニックなど、変化がつく。

作ってみよう

味噌ドレッシング

〔油〕
オリーブ油・サラダ油…各大さじ1
＋
〔酸味〕
レモン汁…1/4個分
＋
〔味つけ〕
味噌…小さじ1

フルーツドレッシング

〔油〕
オリーブ油・サラダ油…各大さじ1と1/2
＋
〔酸味〕
グレープフルーツ果汁…1/6個分
＋
〔味つけ〕
塩…ひとつまみ

アンチョビドレッシング

〔油〕
オリーブ油・サラダ油…各大さじ1
＋
〔酸味〕
レモン汁…1/4個分

キウイのすりおろし1個分でもいい。

＋
〔味つけ〕
アンチョビフィレ…1枚

忙しくて献立を考えられない日の救世主

ゆで野菜

調理目安

15分

野菜はもちろん、なんでもOK！「料理に合わせて野菜を1種類でも構いませんが、私は旬の野菜を含めて3〜4種類を使うのが好きです」。

材料（2人分）

ブロッコリー…1/3房
にんじん…1本
じゃがいも…1個
グリーンアスパラガス…4本

作り方

① ブロッコリーは小房に分ける。にんじんは1.5cm幅の輪切りに、じゃがいもは一口大に切る。アスパラは根元の硬い部分を切り落とし、4等分に切る。

② たっぷりの湯（分量外）でにんじんに竹串がスッと入るくらいまで軟らかくゆでたら、じゃがいもを入れる。硬い野菜から順にゆで始める。

③ じゃがいもが軟らかくなったら、ブロッコリーとグリーンアスパラガスを加えて2分ほどゆでる。

アレンジにも挑戦！

ゆで野菜のバター和え

材料 は下の2つを追加

バター…10g
玉ねぎ（みじん切り）…小さじ1

作り方

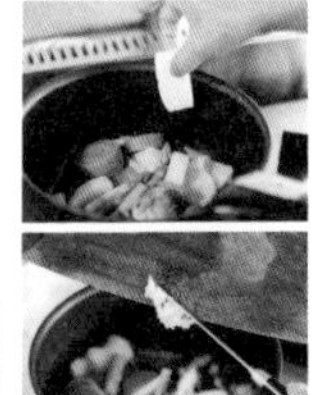

① 鍋のゆで汁を、おたま1杯（約50ml）程度を残し、捨てる。

② 鍋にバターを入れ中火にかけ、沸騰させる。

沸騰させながら混ぜると乳化し、ドレッシングのように味が混ざりやすくなる。

③ 玉ねぎのみじん切りを加え、水分がなくなるまで煮詰める。

「焼くだけ」にこそコツがある

グリル野菜

調理目安
15分

材料（2人分）

なす…1本
ズッキーニ…1/2本
かぶ…1個
塩…適量
オリーブ油…大さじ1

作り方

① なすとズッキーニはしま模様になるようにピーラーで皮をむき、2cm幅の輪切りにする。かぶは6等分のくし形に切る。玉ねぎは1cm幅の輪切りにする。

② フライパンにオリーブ油を引き、野菜を並べる。

なすのように油を吸う野菜には、油は多めに。

③ フライパンを中火で熱し、蓋をして野菜を焼く。片面に焼き目がついたら裏返し、両面に焼き色がついたら塩を振る。

野菜から出る水分でパチパチ音がするのが収まったら、焼き目を確認。

志麻さんの「おいしい」ワザ

野菜をおいしく焼く2つのコツ

野菜を触るのは1回だけ

野菜を一度フライパンに置いたら、焼き目がついてひっくり返すまで動かさない。火の通りを均一にするために、野菜を動かすのでなく、フライパンを時計回りに回しながら焼く。

塩を振るのは一番最後

野菜に塩を振ると、水分と一緒にうまみも逃げてしまうので、塩は最後に。野菜の味がしっかりと残り、ジューシーに焼き上がる。

フレンチなフライドポテトで食卓をおしゃれに

カリカリポテト

15分

材料（2人分）

じゃがいも…3個
にんにく（みじん切り）…1かけ分
パセリ（みじん切り）…小さじ1
塩…適量
サラダ油…適量

作り方

① じゃがいもは5mm幅の輪切りにする。

② 水に1分ほどさらし、ペーパータオルで水気をしっかりと拭き取る。

③ フライパンの底から0.5cmの深さのサラダ油を入れて弱火で熱し、②のじゃがいもを入れて両面をこんがりとするまで揚げ焼きにする。

④ 仕上げに塩を振り、にんにくとパセリを加えて混ぜ合わせる。

少し多めの油をフツフツさせながら、しっかり揚げ焼きにしていく。

じゃがいもが油を吸い、きつね色でカリカリになったら完成。

じゃがいものホックリ感を味わう

じゃがいものグランメール風

調理目安 **15分**

グランメールは、おばあさんを意味するフランス語。素朴な家庭料理をグランメール風という。

材料

じゃがいも…2個
玉ねぎ…1/2個
パセリ（みじん切り）…適量
塩…適量
オリーブ油…大さじ1

作り方

① じゃがいもは1cm幅の輪切りにする。耐熱容器に入れてふんわりとラップをかけ、電子レンジ（600W）で4分加熱する。

② 玉ねぎは横半分に切り、縦1cm幅に切る。

③ フライパンにオリーブ油を中火で熱し、玉ねぎと塩ひとつまみを入れて炒める。

④ 玉ねぎがきつね色になるまで炒めたらフライパンの端に寄せ、じゃがいもを加えて両面に焼き色がつくまで焼く。器に盛ってパセリを散らす。

炒めた玉ねぎを端に寄せて、じゃがいもを加える。

フランス流で米をおかずに変身させる

ゆで米

調理目安
15分

材料（2人分）

白米…1/2合（75g）
ミックスビーンズ…40g

缶や袋に入って販売されている、すぐに使えるものを。

作り方

① たっぷりの湯（分量外）を沸かしたら、洗った米を入れて、12分程ゆでる。

② 米をザルに上げて、水気をしっかりと切る。

③ ミックスビーンズを混ぜる。

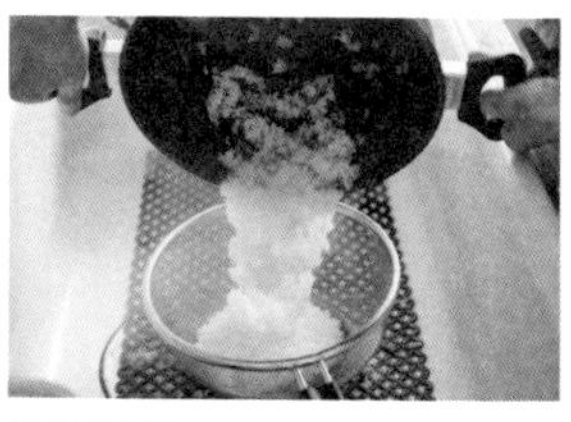

余った湯は捨ててしまうので、水の分量は気にせずたっぷりと！

ザルに上げたらしばらく放置し、お湯をしっかりと切ること。

毎日の献立作りをラクにする

付け合わせの「パパッと料理」と「作り置き」

「料理には、作り置きに向くものと、すぐに食べたほうがおいしいものとがあります。煮込みのように時間をかけて水分を飛ばしているものや、マリネのようにオイルやビネガーなどに漬けるものは作り置きに向きます。一方、焼いたり揚げたり、カラッとした食感がおいしいものは、食べる直前に作るのに向いています」

煮込みやマリネは調理に時間がかかるので、一度に多めに作り、一部を作り置きとして、保存容器で冷蔵庫に入れておくのもおすすめ。メイン以外の献立を作ったり考えたりする余裕がないときや、なんとなく食卓が寂しいときの「とっさの1品」として活躍する。生野菜を使う料理は、塩をしてから搾り、水分を抜いておく。

掲載されている付け合わせレシピで、「作り置き」におすすめのもの

ゆで野菜

メイン料理の彩りが寂しいときやメニューが野菜不足のときに添えるのにも活用できる。

ポテトサラダ

2日目以降は味がなじむ。生野菜から水分が出るので、作り置きする分には生野菜は、水分をしっかり抜いて混ぜるといい。

野菜のクリーム煮

魚や鶏肉などを塩・こしょうで焼いただけといったシンプルなメインに合うので、時間がない日のごはんに活躍。

ミックスビーンズのトマト煮

夕食はもちろん、ワンプレートランチに添えたり、お弁当のおかずにしたりと、"隙間を埋める"付け合わせに。

グラッセ

にんじんのグラッセは色がきれいなので、お皿の彩りが寂しいときに添えるのにピッタリ。

調理目安
20分

子どもと大人で味つけを変えてみる

子どものポテトサラダ
大人のポテトサラダ

材料（作りやすい分量）

【子ども用と大人用共通】
じゃがいも…3～4個（600g）
玉ねぎ…1/2個

子ども用には入れなくてもOK。

【子ども用】
ベーコン…2枚
マヨネーズ…大さじ1

【大人用】
鯖の水煮缶…1/2缶
A
りんご酢…小さじ1
砂糖…ひとつまみ
粒マスタード…小さじ1
オリーブ油…小さじ1
サラダ油…小さじ1
塩・こしょう…各適量
パセリ（みじん切り）…小さじ1

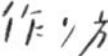

【子ども用と大人用共通】

① じゃがいもは皮つきのままラップをして、電子レンジ（600W）で3分加熱し、裏返してさらに3分加熱する。

両側からギュッと挟んだときに、指が少し沈むくらいの軟らかさまで加熱。

② じかにさわれる程度に粗熱が取れたら、皮をむいてボウルに入れ、スプーンでつぶす。

スプーンの背で押すようにして潰す。少し塊が残るくらいでOK。

③ 玉ねぎは横半分に切り、縦に薄切りにする。塩ひとつまみでもんだら3分ほど水にさらし、水気を絞る。

【子ども用】

④ ベーコンを細切りにして、熱したフライパンで炒める。

⑤ ボウルに②のじゃがいもの1/3の量と③の玉ねぎの1/3の量を入れ、マヨネーズと④のベーコンを加えて混ぜる。

【大人用】

④ ボウルに①のじゃがいもの2/3の量と③の玉ねぎの2/3の量を入れ、鯖の水煮を汁気を切って入れる。

⑤ Aの調味料をすべて合わせて、④に混ぜる。器に盛り、パセリを散らす。

大人用は脱マヨネーズ！
ビネガーで仕上げる。
子ども用はマヨネーズで
食べやすく。

調理目安
50分

軟らか～くなるので、小さな子どもにもうれしい

野菜のグラッセ

材料（2人分）
大根…6cm
にんじん…1/2本
玉ねぎ（輪切り）…2枚
砂糖…大さじ2～3
バター…10g

今回は3種類の野菜を使っているが、にんじんだけ、大根だけなど、1種類でもOK。

作り方

① 大根とにんじんは拍子木切りにし、玉ねぎは1cm幅の輪切りにする。

根菜は、軟らかくなると角も取れるので、面取り（角を取って丸くすること）しなくても構わない。

② 鍋に水（分量外）、砂糖、①の野菜を入れて中火で熱し、ほとんど煮汁がなくなるまで軟らかくゆでる。だいたい40～50分くらいかかる。

鍋は蓋をせず、沸騰状態を保ってゆでていく。

③ ②の鍋にバターを加え、野菜に絡める。

水気はこのレベルまで飛ばす。バターは、野菜全体につやが出るのを目安に、目分量でもOK。

調理目安
10分

苦手な野菜をクリームでカムフラージュ！

野菜のクリーム煮

材料（2人分）

セロリ … 1/3本
玉ねぎ … 1/4本
にんじん … 1/3本
生クリーム … 60ml
パセリ（みじん切り）… 適量
塩 … 適量
サラダ油 … 大さじ1

作り方

① 筋を取ったセロリとにんじんは、それぞれ長さ3～4cmの太めの千切りに、玉ねぎは薄切りにする。

野菜の大きささをそろえて切ると、見た目が美しく、食べやすくなる。

② フライパンにサラダ油を弱火で熱し、①の野菜と塩ひとつまみを入れて、しんなりとするまで炒める。鍋底から全体をひっくり返すように混ぜる。

塩は指でひとつまみ。少し多いかな？と感じるくらい入れるほうが、味が決まる。

③ ②に生クリームを回し入れ、さっと炒める。

生クリームは分量を量らず、写真くらいの野菜がひたひたになる量を、パックから直接入れてもいい。

④ 器に盛り、パセリを散らす。

調理目安
30分

コツいらず！　缶詰で手軽に作れる常備菜
ミックスビーンズのトマト煮

材料（2人分）
ミックスビーンズ（缶）… 200g
玉ねぎ… 1/4個
にんじん… 1/3本
ベーコン… 8枚
カットトマト… 1/2缶（200g）
水… 200ml
塩・こしょう… 各適量
オリーブ油 … 大さじ1

作り方
① ミックスビーンズはザルに上げ、水気を切っておく。玉ねぎ、にんじん、ベーコンは、1cm角に切る。

② 鍋にオリーブ油を弱火で熱し、玉ねぎとにんじん、塩をひとつまみ入れて、油が全体に絡むように、鍋底から全体をひっくり返しながら混ぜる。

③ 野菜がしんなりとしたら、ミックスビーンズを加え、炒め合わせる。

④ カットトマトと水を入れて15分ほど煮る。

④ ベーコンを加えて、さらに5分ほど煮たら、塩・こしょうで味を調える。

野菜は、豆と同じかひと回り小さいくらいにカット。

トマト缶を1缶使い切る量を作り、冷蔵庫に保存しておくのもおすすめ。

COLUMN

Q. 料理中でも「ママ、ママ!」と
解放してくれない子どもに困っています。

A. わが家では2歳から料理の手伝いをしてもらっています!

台所の入り口に柵を作って、料理中は小さな子どもが入ってこられないようにしている家庭も多いですよね。けれど、ママが大好きな子どもたちは、お料理中だって「ママ、ママ!」。手が離せなくて、落ち着いて料理できないという悩みも多いと思います。

わが家の台所はダイニングと一緒になっていて、柵はつけられません。乳児のときは、料理の間は夫にまかせたりリビングに取り付けた柵のなかで遊んでもらったりしていましたが、自分で歩き、意思を伝えられるようになった2歳くらいからは料理を手伝ってもらっています。最初は食材を洗ったり、玉ねぎの皮を剥いたり、危なくないことから。卵も2歳から割ってもらっています。最初はグチャっとつぶし殻が入ってしまいましたが、3歳になった今ではとても上手に割るんですよ。私が手を添えますが、食材を包丁で切ることもできるようになりました。

長男は、今では率先してお手伝いをしてくれる頼もしい戦力。一緒に作った食事だと、モリモリ食べてくれる気もするので、「料理の間は向こうに行って」ではなく、一緒に料理するのはおすすめです。彼はお手伝いが大好き!お料理好きに育ってくれるとうれしいです。

手を添えて、包丁の使い方を教えながら。

コンコンと、殻にヒビを入れる力加減も分かってきたようです。

弟の食器も食卓に並べてくれます。

椅子を踏み台にしてお手伝い中。早くから手伝ってもらっていると、自然に危ないことが分かってくるのかもしれません。もちろん目を離すことはできませんが、「危ない」と感じたことはありません。

L' éducation des enfants à la Française par Romain.

夫ロマンさんの「フランス流子育て」RAPPORT 2

子ども中心の生活にしない。パパとママの時間も大切に

日本では、子どもが生まれると、生活の中心が子どもになる家庭が多いように思います。一方、フランスでは、今でも大人のほうが子どもより上という序列がしっかり根付いています。子どもと一緒に参加するホームパーティーでは子ども同士で遊ばせ、親がずっとつきっきりになることはありません。大人同士の会話を楽しみます。

象徴的なのが、生まれたときから親子の寝室を分けていること。長男はずっと１人で寝ていたし、今は兄弟で寝ています。ベッドで絵本を読みながら寝かしつけますが、基本的に私たち親と一緒のベッドで寝ることはありません。子どもたちが寝たら、寝室のドアを“Bon nuit!（おやすみ）”とそっと閉めます。

わが家の子どもたちは毎晩８時３０分に寝ます。その後は、夫婦の時間。たくさん会話をしたり、映画を観たり読書をしたり、のんびりと過ごします。パパもママも自分の時間を持つことで、無理なく子育てできるのです。

PART 3

スープ

5品

脱・味噌汁！ おしゃれなスープで
野菜をいっぱい食べる

みんな違って構わない——そんなフランスの価値観が私を救ってくれました

調理師学校で出合ったフランス料理から始まった、私とフランスとの関わり。最初は料理ですが、フランスの文化や考え方、人に触れるようになり、すっかりフランスそのものを好きになってしまいました。さらに、結婚した相手はフランス人。今では、私とフランスとは切り離せない関係になっています。

フランスには、おしゃれで洗練されたイメージを持つ人も多いと思いますが、私が実際に見て惹かれたフランスは、とにかく自由。私がフランスに住んだのは、日本の調理師学校卒業後、フランスの学校で勉強した半年、さらにフランスのレストランで働いた半年の、合計1年間。そんな短い間でしたが、フランス人の、空気を読まない代わりに、人のすることも気にしない、そんな在り方にすっかり魅了されてしまいました。私自身、小さい頃から人と同じことをするのが苦手で、そのせいか、変わり者扱いされたこともありました。だから、自分らしさの追求を善しとするフランスの考え方がしっくり来たし、自信を持てるようになりました。

長男の〝チョコレート事件〟で吹っ切れました

今回、紹介しているフランス流の家族ごはんは、メイン、付け合わせ、スープがそろったバランスのいい食卓です。けれど、実際のフランスの食卓はというと——。

買ってきたお惣菜や、ハム、テリーヌが並ぶこともよくありますし、簡単に作れるステーキにフライドポテトだって立派なメインディッシュです。子どものおやつの定番といえば、パンにチョコレートを挟んだだけのもの。小さな子どももおいしそうに食べています。私は長男が1歳半くらいまでは、甘いものは与えないように…と気を付けていたのですが、夫の実家に里帰りしたときに、義母がチョコレートをあげてしまいました。それ以来、チョコレートは長男にとって、一番お気に入りのおやつ。最初は「あ！」と思いましたが、フランスには、チョコレートを古くから体にいいと考え、日常的に取り入れる文化があります。チョコレートは子どもにも与えるけれど、それ以外の甘いものまでなんでもＯＫにするわけではないと知り、納得。今では私も、食べるときは2かけだけなどとルールを決めて、それを守っていれば問題ないと思えるようになりました。異文化に触れると、自分で自分を縛ってしまう既成概念がいい意味で覆され、「もっと気楽でいいんだ」と肩の力が抜けます。

私の知っているフランスは、自分の価値観と違っていてびっくりすることもたくさんあるけれど、厳しさとおおらかさとがバランスよく在る国。そこで、いろいろな個性の人が幸せに暮らしていることを知れば、かつての私のようにラクになれる人もいるはず。特に子どもを持ち、毎日頑張っているお母さん、お父さんには、それをお伝えしたいのです。

レシピから解放された先に料理上手の道が

さあ、料理に移りましょう。これから紹介するのは「スープ」です。メインや付け合わせをフレンチに変えるのは難しくなかったかもしれませんが、毎日の汁物が味噌汁という人が別のものに変えるのは、もしかしたらハードルが高いかもしれません。だからこそ、昨日まで毎日味噌汁だったものを別のスープに変えるだけで、みなさんの食卓が一気にフレンチになります。

ぜひレパートリーに加えてほしいのがポタージュです。野菜のうまみをしっかりと引き出したスープは、優しい味わいでヘルシー。離乳食の赤ちゃんと一緒に食べられるのはもちろん、高齢の方との食事でもおいしく食べてもらえるはずです。今回は基本の玉ねぎのポタージュを紹介していますが、そこに旬の野菜や子どもが苦手な野菜を1つ加えるなどして、別の野菜のポタージュも作ってみてください。それぞれにレシピがないと分からないなどと、二の足を踏む必要はありません。野菜をクタクタになるまで煮てから、牛乳を加えてブレンダーで攪拌(かくはん)するだけの料理です。適当な量を入れて作ってみて、野菜の量が多すぎたと思えば、後から入れる牛乳の量を増やして好みの濃さにすればいいのです。

私はレシピから解放されることが、料理上手への近道だと思っています。レシピに頼ると計ったことに安心して、火加減や鍋の状態、調理中の音に気付きにくくなるし、自分の味覚を信じて作ることからも遠くなります。最初はレシピに頼り、計りながら作ってもいいのですが、少しずつ自分の感覚で料理できるようになると上達するし、料理することが楽しくなると思うのです。

スープは、入っている具の量が多かったり少なかったりしてもなんとかなるし、少しずつ水や牛乳を足すことで、後から味の強弱を調整することも可能。そんな包容力が、レシピに頼らずに作る練習にぴったりかもしれません。なんとなく味噌汁だった汁物を別のスープに。そんな小さな一歩から、フランス料理を取り入れる楽しさに触れてみてください。

フレンチのスープの基本「ポタージュ」を覚えよう!

自宅でも、いろいろなお宅で料理するときでも、私がよく作るのがフレンチの基本のスープ「ポタージュ」。にんじんやパプリカ、ほうれん草など、どんな野菜でも、おいしいスープに変身します。

レシピで「にんじんのポタージュ」「パプリカのポタージュ」と紹介されていると全く違う料理のように感じるかもしれませんが、使う野菜が違うだけで基本は同じ。今回は、すべてのベースとなる「玉ねぎのポタージュ」の作り方を紹介します。

どのポタージュを作るときも、基本的には玉ねぎを入れます。ですから、玉ねぎのポタージュの作り方を覚えてしまえば、あとは一緒に煮詰める野菜を変えるだけ。季節ごとに、旬の野菜で作ってみましょう。

ポタージュの基本の考え方		別の野菜を加えるなら…
玉ねぎのポタージュ		**野菜のポタージュ**
玉ねぎを切る。	←	野菜を小さめのざく切りにする。
↓		
玉ねぎをバターで炒める。	←	玉ねぎがしんなりしたら、野菜を入れる。
↓		
水とコンソメを加えて煮る。	←	加えた野菜が、指で簡単につぶせるくらいになるまで軟らかく煮る。
↓		
牛乳を加えて、ひと煮立ちしたらブレンダーでなめらかにする。		

☑ 玉ねぎのポタージュ → 作り方は P.76

調理目安
20分

しっかり火を通した玉ねぎの甘みがおいしい

玉ねぎのポタージュ

材料（2人分）
玉ねぎ…1個
バター…20～30g
コンソメ（固形）…1個
水…1と1/2カップ（300ml）
牛乳…1カップ（200ml）
パセリ（みじん切り）…適量
塩・こしょう…各適宜

作り方

① 玉ねぎは薄切りにする（写真Ⓐ）。

② 鍋にバターを中火で熱し、玉ねぎと塩ひとつまみを入れ、玉ねぎがしんなりするまで炒める（写真Ⓑ）。

③ 水とコンソメを加えて煮詰める（写真Ⓒ）。

④ 水が半分くらいになるまで煮詰めたら（写真Ⓓ）、牛乳を加えてひと煮立ちさせ、ブレンダーでなめらかに（写真Ⓔ）。味見をしながら、塩・こしょうで味を調える。

⑤ 器に盛って、パセリを散らす。

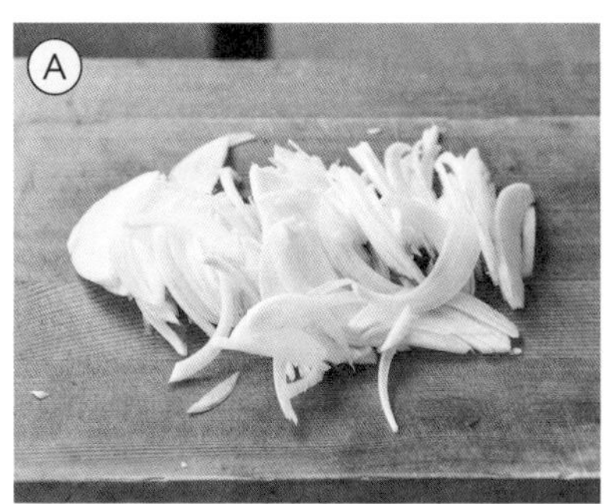

簡単につぶれるくらいまで軟らかくするのが目的なので、1～2mm幅くらいの薄切りに。玉ねぎ以外の野菜も加える場合、他の野菜は小さめのざく切りにする。

玉ねぎが焦げると苦みが出るので、焦がさないように注意。火力を強くしすぎず、時々混ぜる。万一焦げてしまったら、黒い部分は取り除こう。

目安の水の量は分量として載せているが、写真のように野菜に水がかぶるくらいの量と考え、野菜の量によって水の量も変えていこう。

牛乳を入れる直前が、だいたいこのくらいの煮詰まり方。他の野菜も入れている場合、ここで1つ取り出して、親指と人さし指でつぶしてみる。簡単につぶれるくらいに軟らかければOK。まだ硬い場合は少し水を足して、軟らかくなるまで煮て。

牛乳を1カップ入れてブレンダーでなめらかにした後、まだスープが硬いと感じるようなら、味見をしつつ、少しずつ牛乳を加えて好みに近づけて。ブレンダーがない場合、ミキサーにかけてもザルでこしてもいい。

調理目安

30分

市販のルウに頼らずにとろみをつける

クラムチャウダー

材料（2人分）

長ねぎ…1/3本
にんじん…1/3本
白菜…1/8本
（野菜はなんでもOK！）
じゃがいも…1個
冷凍シーフードミックス（あさり入り）…120g
水…1カップ（200ml）
コンソメ（固形）…1個
A 牛乳…3/4カップ（150ml）
A バター…5g
A 小麦粉…5g
塩…適量
オリーブ油…大さじ1

作り方

① Aの材料でブールマニエを作る（右参照）。

② 長ねぎ、にんじん、白菜、じゃがいもは1cm角に切る。別の野菜を使う場合も、すべて1cm角に切る。

③ 鍋にオリーブ油を中火で熱し、②の野菜と塩ひとつまみを入れて炒める。

④ 野菜がしんなりとしたら、凍ったままシーフードミックスを入れる。

⑤ 水とコンソメを入れ、蓋をして15分煮る。

⑥ 牛乳を入れて、さらに5分ほど煮る。

⑦ ①のブールマニエに、お玉で少し⑥のスープを加え、ブールマニエをしっかり溶かしてから鍋に加える。鍋全体を混ぜながら温め、とろみがついたら火を止める。

好みのとろみになるように、様子を見ながら、少しずつブールマニエを加えてもいい。

志麻さんの「おいしい」ワザ

「ブールマニエ」でクリームスープ上手に

「ブールマニエ」とは、フランス料理でソースにとろみをつけるときに使われる、ルウのようなもの。バターと小麦粉とを練って作ります。今回のスープのほか、シチューやソースにも活用できます。

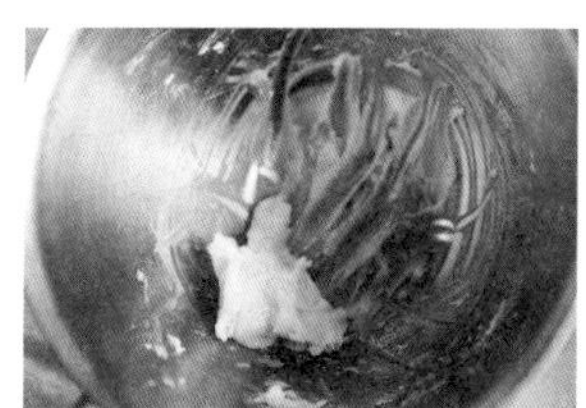

バターに同量の小麦粉を加えて、ダマが残らないように指先でしっかりと練る。

↓

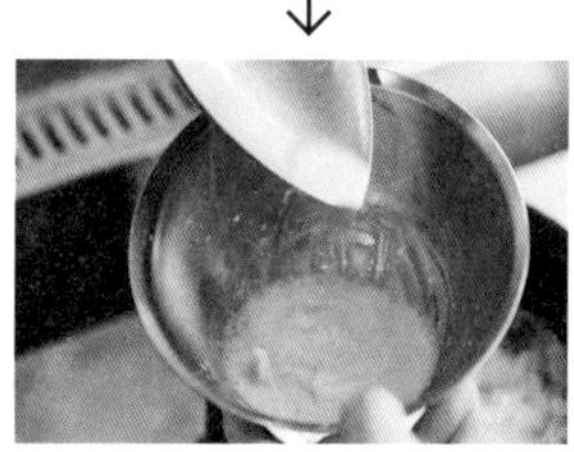

使うときは、鍋のスープを少し足してのばしてから、鍋やフライパンに戻す。

調理目安
25分

時間のあるときに作り置きたい

じっくりコトコト野菜スープ

分量は２人分ですが、
作りやすい量で多めに作って、
常備スープにするのもおすすめ。

材料（2人分）

玉ねぎ…1/2 個
にんじん…1/2 本
大根…3cm
さつまいも…1/3 本
キャベツ…1/6 個
水…3 カップ（600ml）
コンソメ（固形）…1 個
塩…適量
オリーブ油…大さじ 1

油をバターに
替えるとコクが出る。

作り方

① 鍋にオリーブ油を中火で熱する。

② 玉ねぎは粗みじん切りに、にんじん、大根、さつまいもは 1cm 角に切る。キャベツはザク切りにする。野菜は書いてある順に切り、切ったものからどんどん鍋に入れ、炒めていく。

③ 塩ひとつまみを入れ、野菜がしんなりとするまで、焦がさないように時々混ぜながら、じっくりと炒める。

④ キャベツを入れてさっと炒めたら、水とコンソメを加えて 15 分ほど煮る。

しっかりと炒めることで野菜の
うまみが出る、大切な工程！

水は、野菜がかぶる程度（写真）
に、目分量で入れてもいい。

調理目安
10分

コンソメ＋野菜1種の爽やかなレシピ

トマトのコンソメスープ

トマトを、きゅうり、キャベツなど別の野菜に替えて作ってもおいしい。

材料（1人分）

トマト…1個
コンソメ（固形）…1個
水…1と1/2カップ（300ml）
こしょう…適量
オリーブ油…適量

作り方

① トマトは1.5 cm角に切る。塩ひとつまみ(分量外）を振り、3～4分置いてから、ザルに上げて水気を切る。

② 鍋に分量の水を沸かし、コンソメを入れて溶かす。

③ 火を止めてから①のトマトを加え、トマトが温まるまで加熱する。

④ 器に盛ってこしょうを振り、オリーブ油を回しかける。

トマトは調理する前に塩で水分を出すと、うまみが増す。ザルに上げて放置し、自然に水分を切る。

志麻さんの「おいしい」ワザ

市販のコンソメを活用する

「コンソメは、フレンチにおける、和食のだしのような存在。市販のコンソメもとてもおいしいので、私はどんどん使います。コンソメと野菜だけの簡単なスープが選択肢にあると、献立作りがラクになりますよ」

調理目安
10分

準主役級スープで脱ワンパターンな食卓

エスニックスープ

材料（2人分）

きゅうり…1/4本
にんじん…1/4本
もやし…50g
鶏ガラスープの素…小さじ2
水…1と1/2カップ（300ml）
醤油…大さじ1/2
レモン汁…1/2個分

作り方

① きゅうりとにんじんは、千切りにする。

野菜はすべて、もやしのサイズに合わせる。

② 鍋に分量の水を沸かし、鶏ガラスープの素を入れて溶かす。

③ ①の野菜ともやしを入れて中火で熱し、ひと煮立ちしたら醤油とレモン汁を加える。

種が気になる場合、搾るのと逆の手をレモンの下に添え、落ちてくる種を受け止めて。

PART 4

離乳食＆移行期

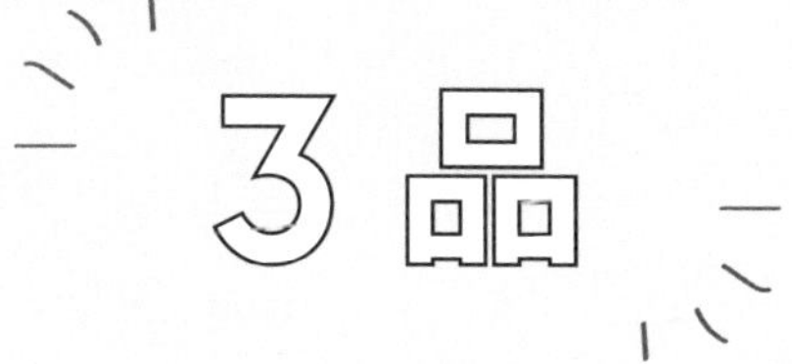

赤ちゃんも子どもも“大人と同じもの”で手間を省く

男性が積極的に家事と育児に参加するフランス流に助けられました

わが家には、3歳の長男と1歳の次男がいます。同じ男の子ですが、タイプが全く違うのが面白いです。

上の子は小さめで食も細いのですが、下の子は生まれたときから大きくて、今ではお兄ちゃんに体重が追いついてしまいました！　長男は繊細で優しくて、次男は堂々としたタイプ。男の子2人の育児は大変などといわれますが、夫が本当によく子どもたちの面倒を見てくれていますし、なんといっても、ママのお手伝いが大好きで、いつも穏やかな長男に助けられています。

育児への参加で、パパと子どもの距離が縮まる

夫のロマンは率先して家事と育児をするので、結果的に子育てもフランス流になりました。日本でも、男女で家事も育児もシェアする意識が高まっていますが、それでも男性が〝手伝う〟という言葉がなかなかなくならないし、女性の分担が大きい家庭がほとんどだと思います。ロマンは、私よりも早く起きることが多く、掃除や洗濯、お風呂掃除などをしておいてくれるときもあります。私が朝食の支度をしている間に、子ども2人をお風呂に入れます。保育園のお迎えもロマンが中心。帰ってくると、子どもたちと全力で遊び、寝かしつけもほぼ毎日。こんなにしてもら

えてありがたいなあと感謝の言葉を言おうと思っても、「え、当たり前でしょう?」という感じです。

私たちは今、築60年の一軒家を賃貸して暮らしています。借りるときにボロボロだった代わりに、どんなふうにリノベーションしても構わず、原状回復の必要もないという物件。ロマンは、フランスにいるときには電気工事士として働き、お兄さんの内装会社も手伝っていましたから、その実力を発揮し、ＤＩＹでリノベーションしてくれました。今でも、気になるところに少しずつ手を入れながら暮らしています。妻だけが家のことを考えるのでなく、夫婦で「こうしたいね」と話し合い、できるほうがササッとやってしまう。そんな家の中でのフットワークの軽さとフレキシブルな役割分担は、フランスではよく目にする光景です。

料理はもちろん私が得意ですが、子どもの相手はロマンのほうが上手。力いっぱい遊んだり、夜寝るときには絵本を読んだり。一緒に過ごす時間が長いので、子どもたちはパパが大好き! ママに1日中ベッタリということがなく、私の時間にも余裕ができます。夫婦が当たり前に協力し合って家族の生活をつくっていくというフランスの考え方を、特に男性が意識してくれれば、ママはラクになるし、パパも子どもと仲良くなれるし、いいことずくめのように思います。

お粥がダメでも慌てず、フランス流のピュレに

料理は私が作ることが多いのですが、次男の離乳食はロマンも積極的に担当してくれました。今は普通の食事を食べられるようになったのですが、離乳食に関しては、次男はお米を使った離乳食を全く受けつけませんでした。長男は、日本の離乳食として一般的なお粥も好んで食べたので、こんなところでも子どもの個性の差が出るのだと驚きました。次男の味覚はフランス寄りなのかもしれません。そういうわけで、次男の離乳食にはフランス流を取り入れたのです。

お米の文化圏ではないフランスでは、離乳食は、野菜を軟らかくゆでてからつぶすピュレから始まります。1つ1つの野菜の甘みや味わいを感じさせながら進める離乳食。そうやって野菜に慣れさせるところから始めるので、フランスでは野菜好きの子どもが多い気がします。次男をフランス式の離乳食で育てることにロマンも興味を持ったようで、フランスの離乳食の本を取り寄せ、研究しながら離乳食を作ってくれるようになりました。まとめて作って冷凍しておいてくれたので、忙しいときは私も大助かり。おかず系のピュレの後にフルーツのピュレをデザートとしてあげているのが、フランスらしいと思いました。

大人の食事の延長線上で離乳食作りを

これは、離乳食だけの話ではないと思います。私は家政婦の仕事でたくさんの家庭に伺いましたが、子どもの個性は家庭によって本当にバラバラ。けれど、子どもにはそれぞれの育つペースがあるから、人と比べなくていいと思っています。ちなみに、子どもだけでなく、大人だってバラバラ。家庭によって、好みの味が違うし、リクエストの内容もまちまち。料理しながら、私はそれをとても面白く思いましたし、それぞれの家庭に合わせて料理することにやりがいを感じていました。

次から紹介するのは、離乳食から移行期までの食事。家族のごはんと一緒に作れるものを用意しました。子どもの食事だけを大人とは別に用意すると、手間を掛けて作ったのに食べてくれなかったらガッカリしてしまいますが、大人と一緒に作ってしまえば、少し気がラクになると思います。離乳食から、家族で同じものを食べる楽しさを感じられる意味でも、おすすめですよ。

大人のごはんと離乳食を一緒に作る!

フランス流ピュレの話

フランスで、大人も子どもも大好きな付け合わせのピュレ。野菜を軟らかくゆでてからつぶす、なめらかな料理です。ピュレは、フランスでは子どもの離乳食にもなります。じゃがいものピュレは牛乳でのばしますが、基本的に味つけをせず野菜の甘みを生かすので、ピュレで育ったフランスの子どもたちは、野菜の好き嫌いが少ないといわれています。

離乳食というと、子どもの分だけをすりつぶすなど、「特別に手を掛けるもの」というイメージがあるかもしれませんが、野菜のピュレを大人の食事にも取り入れて、早くから、大人と子どもが同じものを食べるのもおすすめです。

すべての基本「じゃがいものピュレ」

じゃがいものピュレは、肉料理の付け合わせにピッタリ!

次男はおかゆの離乳食が苦手で食べなかったので、ピュレが大活躍しました。

フランス料理の定番ピュレをマスターしたい！

じゃがいものピュレ

材料（2人分）

じゃがいも…2個
バター…10g
牛乳…1/2 カップ（100ml）

作り置きもできるので、多めに作っておくのもおすすめ。

塩を加えず、シンプルな味にすることで、しっかりと塩味の効いた肉料理とのバランスが良くなる。

作り方

① じゃがいもは 2cm 幅の輪切りにし、沸かしたたっぷりの湯（分量外）でゆでる。

② 竹串がスッと通るくらいまで軟らかくなったら、ザルに上げて水気を切る。

作り方 TPO

なめらかにしたい場合は、水切りしたじゃがいもをザルでこす。普段の食事には、少し塊が残るくらいでも OK！

にんじんやかぶなど、水分の多い野菜で作る場合は、硬さの様子を見ながら、牛乳を入れないとか量を減らすなど、調整して。

肉料理にソースのように敷く場合は、牛乳の量を増やしてサラサラに。料理の横にポテッと付け合わせるなら、牛乳の量は控えめに。

③ じゃがいもをすぐに鍋に戻し、熱いうちにバターを入れ、スプーンでつぶしながら混ぜる。

④ 大きな塊がなくなるくらいまでつぶしたら、牛乳を少しずつ加えながら、なめらかになるまで混ぜる。

じゃがいものピュレを
アレンジして楽しむ

そのままでも十分においしい「じゃがいものピュレ」ですが、まだきちんとした食事をたくさんは
食べられない時期の子どもには、ピュレを少しアレンジして、いろいろな味に挑戦させてみるのもいいと思います。
もちろん、大人も料理に合わせてアレンジして楽しんでください。

アレンジアイデア1

野菜の風味を混ぜる

「無塩のトマトジュースを、ピュレが水っぽくなりすぎない程度に、スプーンで少しずつ加えていきましょう。ジュース以外にも、青い野菜のピュレなど、子どもがあまり食べたがらないピュレをじゃがいものピュレに混ぜて、食べやすくしてあげるのもいいですよ」

＋トマト
ジュース

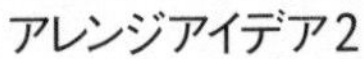

スパイスを混ぜる

「本格的にカレーを味わえるようになるのは大きくなってからですが、じゃがいものピュレにほんの少し、風味を感じる程度に混ぜてみるといいと思います。大人のピュレのアレンジにも、スパイスを混ぜるのはおすすめです」

＋
カレー粉

アレンジアイデア3

おかずを混ぜる

「大人の味つけの料理を移行期の子どもに食べさせるときは、じゃがいものピュレに混ぜ、味をマイルドにするといいと思います。子どものためだけに料理するよりも簡単だし、自然に大人と同じ食事に移行していけます」

＋ミート
ソース

移行期 1

少し固形物を食べるようになったら
→軟らかい煮込みを、味つけ前に取り分ける

鶏むね肉のクリーム煮

材料

鶏むね肉 … 1枚（350g）
玉ねぎ … 1/2 個
にんじん … 1本
じゃがいも … 2 個
白ワイン … 1/2 カップ（100ml）
コンソメ（固形）… 1個
水 … 2 カップ（400ml）
生クリーム … 1/2 カップ（100ml）
ローリエ … 1枚　なければ入れなくてもいい。
小麦粉 … 適量
塩・こしょう … 各適量
サラダ油 … 大さじ 1

作り方

① 鶏肉は縦半分に切ってから、大きめの一口大にそぎ切りにする。

② ①の両面に塩をしっかりめに振って下味をつけ、小麦粉をまぶす。

③ 玉ねぎは横半分に切ってからくし形に切り、にんじんは 1.5cm 幅の輪切りに、じゃがいもは 3cm 幅に切る。

④ フライパンにサラダ油を中火で熱し、鶏肉を皮目から入れて、両面を薄く焼き色がつくまで焼く。

⑤ ④に白ワインを入れ、フライパンにこびりついたうまみをこそげながらひと煮立ちさせ、その後、水、コンソメ、③の野菜、ローリエを加える。あくを取り、蓋をして中火で 30 分ほど煮る。

⑥ 生クリームを入れて混ぜ、ひと煮立ちさせる。味を見て、足りないようであれば塩・こしょうで調える。

ここで取り分け！

「子どもの分は、仕上げの味を決める前に取り出します。菜箸やスプーンで簡単に崩せるくらいになっていれば完成です」

白ワインのアルコール分は飛ばしてしまうので心配ないが、子どもに食べさせるのに気になるようなら、水でも構わない。

味つけをトマトやカレーにする場合でも、煮込んでから加えるという手順は同じ。

大人用はクリーム煮
乳児用は軟らかい煮込み

移行期２

普通に調理した、薄味の食事を食べ始める。
→大人はディップなど「＋α」で満足度を上げる。

温野菜と3種のディップ

ディップ1

トマト味噌

材料
ミニトマト…2個
味噌…大さじ1

ミニトマトを角切りにし、味噌と混ぜる。味噌の味を変えることで、マイルドになったり、パンチの効いた味になったりする。

From 志麻さん

子どもが薄味ながらも普通の食事をするようになったら、なるべくパパとママと同じものを食べている感覚を持ってほしい。ただゆでただけの野菜にディップをつけるなど、大人の食べ方を工夫することで、家族で同じものを食べられます。

ディップ 2

納豆チーズ

材料
納豆…大さじ2
クリームチーズ…大さじ2
青ねぎ…適宜

納豆は、ひきわりを使うか、フォークなどで細かくつぶす。ボウルに納豆と添付のタレを少し入れ、そこにクリームチーズを加えて混ぜる。青ねぎを小口切りにし、散らして混ぜる。

ディップ 3

鯖マヨ

材料
サバの水煮（缶）…大さじ2 ― かけらを２～３個くらい
マヨネーズ…大さじ2

サバの水煮の水気を切ってボウルに入れ、マヨネーズを加えて混ぜる。サバの水煮は、ツナより風味が強く、栄養価も高いのでおすすめの食材。

教えて、志麻さん！

COLUMN

Q. 子どもがあまり食べてくれません…。

A. 大皿盛りつけ&取り分けで「楽しく食べる」食卓に

私の子どもにも、もちろん好き嫌いはあります。けれど、「いつかは食べてくれるかな」と考え、あまり気にしていません。ただ、食べ方には工夫をしています。そのひとつが、食事を「取り分け」にすることです。1人前ずつ盛りつけたものを家族それぞれに用意するのでなく、料理を大きなお皿に盛って、真ん中にドンと置く。そして、各自が食べたいものを自分で取って食べるようにしています。子どもには、「何が食べたい？」「これは食べる？」と聞き、お皿に取ってあげます。そして、お皿に盛ったものは「自分で食べると言ったんだから、ちゃんと食べようね」と教えます。どうしても食べたくないというときも、「一口だけは食べてね」と、ほんの少しでも口に運ばせるようにしています。

大皿からみんなで取り分ける食事は、フランス家庭の基本です。団らんが生まれますし、子どもにも、特別扱いされずパパとママと同じものを食べているというううれしさがあります。家族ひとりずつに盛りつける食事は、小さなお皿が増えて片づけが大変だし、お母さんだけが配膳に必死で、並べ終わった頃には子どもは食べ終わっているということも。その点、大皿からの取り分けは、真ん中の大きなお皿とそれぞれの取り分け皿だけで洗い物が最小限。料理を作った人も一緒に食べ始められるので、いいことずくめです。

1品1品は普通のメニューでも、大皿に全部のせると豪華！　お気に入りの大皿を持っておくと、盛りつけも楽しくなる。

「ハンバーグなどは、子どもでも食べ切れるくらいのサイズで作りますが、最初から子どもの分だけ食材を細かく切ることはしません。子どもの取り分け皿の上で、一緒にフォークで小さくしてあげます」

L' éducation des enfants à la Française par Romain.

夫ロマンさんの「フランス流子育て」RAPPORT 3

子育ての悩みは“パパ友”でなく、自分のお母さんに聞く

日本では、子育ての悩みは“ママ友”と共有することが多いと聞きます。フランス流はもちろん「夫婦で話し合う」ですが、私の母に聞くことも多いです。私たち兄弟を育ててくれた、子育ての先輩ですからね。

フランス人は家族を大切にするし、男性も女性も母親を慕っています。ただ、私は普通よりも“お母さんが好き”かもしれない。女手一つで私たち兄弟を育ててくれた強い女性で、尊敬しているのです。子どものことで行き詰まったことがあると、母に電話して「こんなときどうしていた？」と質問します。子育ての悩みも、子どもの成長を知る楽しい会話ですから、家族で共有するほうがいいと思います。フランスに住む私の母も、悩み相談を通じて孫の成長を感じているかもしれません。

余談ですが、テレビでは「優しそう」と言われる志麻ですが、家ではとっても強いです！　そんな志麻を私はカッコいいと思っています。女性が強い家は、いい家だと思います。

PART 5

とっておき

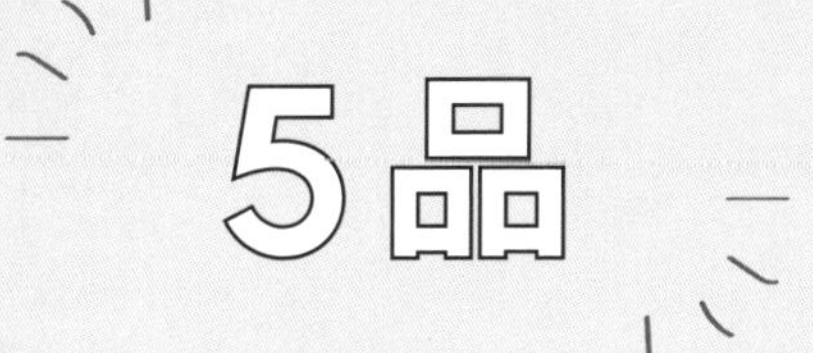

休日の豪華メインで
食べる喜びを満喫する

料理が並ぶまでの おしゃべりタイムも 楽しい食事の時間と考える

ここまでは平日、忙しいなかで、いかに手際良く夕食の準備をするかということをお伝えしてきました。でも、ちょっと余裕のある日や休日などは、もっと本格的なものにチャレンジしたい気持ちになるかもしれません。ここからは、休日、手を掛けて作りたいレシピを5つご紹介します。「手を掛けてじっくり」といっても、作り方も工程も、実はシンプル。オーブンで焼いたり煮込んだりする時間が長いだけ。そこがまさに、フランス流です。

実はフランス人の食事の準備は、とてものんびりとしています。フランスでは家に人を招いて食事をすることも多いのですが、予定の時間に伺うと、まだ料理が始まっていないということも日常茶飯事。一緒に買い物をするところからスタートする、ということさえあります。かといって、ホストがひとりでキッチンにこもり、ずっと料理しているということもありません。その秘密は、煮込みとオーブン料理にあります。

煮込みもオーブン料理も、時間はかかりますが、実は仕込み自体はパパッとできてしまいます。準備できたものを火にかけたりオーブンに入れたりしたら、あとは待つだけ。その間、ホストは集まった友人たちとワインを飲みながらおしゃべりをしています。時々はキッチンに戻って鍋の様子を確認しますが、せわしなく働き続けることはありません。

料理ができるまでは、ハムやサラミ、簡単なおつまみやサラダを出します。メイン料理が食卓に並ぶまで、1時間以上待つこともありますが、ホストは焦らないし、集まった人も時間を気にすることはありません。待つことも食事の楽しみのひとつ。初めてこの光景を目の当たりにしたときは驚きましたが、同時に、素敵だと思いました。

大人が楽しむことで、食事の楽しさが子どもに伝わる

料理の待ち時間が長いことで、会話の時間が生まれます。フランス人は、とにかくおしゃべりが大好き！　お酒を飲みながら、近況報告や真面目な政治の話などをとりとめもなくしゃべります。そのおしゃべりは、料理が並んでからもずっと続き、笑い声が絶えません。料理が出るのにも時間がかかるけれど、食べるのもゆっくり。子どもたちも大人と一緒にテーブルにつき、同じものを食べています。飽きてしまったら、子ども同士で集まって遊び始めますが、大人は危ないことをしていないか目で確認する程度で、気にしません。そんな食事の経験を通じて、子どもたちは、「食事って楽しいものなんだ」と学ぶように思います。

煮込みやオーブン料理で自由な時間をつくるフランス流の時間の使い方を、私は

人が集まるときだけでなく、日常的に活用しています。子どもが保育園から帰ってくるとすぐに鍋やオーブンを仕込んでしまい、火を通している間は子どもに本を読んであげたり、ロマンと子どもが遊んでいる横で洗濯物を畳んだり。保育園での出来事を聞かせてもらうのも、楽しみのひとつです。

子どもが保育園や幼稚園、学校から帰ってきてからは、とにかくバタバタでゆっくり話を聞いている暇がない。食事の時間は、静かに食べるのがマナー。あるいは、仕事が忙しくて仕事のある日の夕食に家族がそろうのが難しかったり、塾通いの子どもは家族とは別に食事したり…。そんな家庭も多いと思いますが、食事の時間は、家族全員が唯一同じことを楽しめる時間だと思います。お休みの日だけでも、家族全員がそろってのんびり会話しながら楽しむ、〝フランス流の食事〟をしてもらえたらいいなあと思います。

取り分けるところから盛り上がる大皿料理を

今回紹介する5品は、仕込んだら放ったらかしにできる料理を意識しました。私がフレンチをとてもラクな料理と言いたくなる理由のひとつが、ほったらかしにできるオーブン料理の存在です。「オーブンはハードルが高い」と敬遠している人も、ぜひ挑戦してみてください。また、すべての料理について、塩を振ったり、つなぎにするパンをちぎったり、ロールキャベツのタネをキャベツで包んだり、仕込みの段階で、子どもがお手伝いできることもたくさんあります。時間のあるときは、一緒にキッチンに立って作るのも楽しいものです。

「パン・ド・ヴィアンド」（→p.104）や「ラザーニャ」（→p.110）、「ローストポーク」（→p.112）は、出来上がりをそのまま食卓の真ん中にドーン！と出してほしい料理。撮影時にお皿に取り出すときは、スタッフの方たちが「上手に盛りつけられない！」「こっちはきれいにできた！」と大盛り上がりでした。家族の食卓でも、お皿に取り分けるところから、そんなふうにワイワイガヤガヤと楽しんでもらいたいです。

わが家の食事は、毎日が大皿から取り分けるホームパーティー状態。食べている間もたくさんおしゃべりをします。一方で、ロマンは子どもが食べ残したり行儀悪いことをしたりしたら厳しく叱るし、私は食欲の状態を見て子どもの体調や気持ちを想像します。食べられなかったものを食べられるようになって、小さな成長を感じることも。家族の食事は、ただの栄養補給ではなく、大切なコミュニケーションの場だと思っています。フランスの家庭料理や食べ方がお母さん、お父さんをラクにして、さらに家族の食卓を楽しいものにできたら、本当にうれしいです。

調理目安

60分

ハンバーグのタネがパーティー料理に

パン・ド・ヴィアンド

材料（2〜3人分）

合びき肉…500g
玉ねぎ…1個
牛乳…1/2カップ（100ml）
食パン（6枚切り）…1枚
卵…1個
塩…小さじ1/2
A 黒こしょう…適量
A トマトケチャップ…大さじ2
A マヨネーズ…大さじ1
中濃ソース…大さじ2

マヨネーズは入れなくても構わないが、入れると風味が増す。

食パンは、真ん中は大きめに、耳は小さくちぎる。パン粉1カップで代用できるが、食パンのほうがふんわりとした仕上がりに。

作り方

① 玉ねぎはみじん切りにしてラップに包み、電子レンジ（600W）で2分加熱した後、冷ましておく。Aは小さな容器に合わせておく。

② ボウルに牛乳、溶いた卵を入れて混ぜ、そこに食パンをちぎって入れる。食パンが牛乳と卵でふやけるように、手でしっかりと混ぜ合わせる。

③ ②に、ひき肉と①の玉ねぎを入れ、塩・こしょうをしたら、粘りが出るまでしっかりとこねる。

つなぎを最初から大きなボウルで作り、そこに玉ねぎ、ひき肉と加えていけば、洗い物が少なくて済む。

④ 耐熱容器に、空気が入らないように押しながら③を詰める。表面を平らにし、Aを混ぜたソースの半量を表面に塗る。

⑤ 200℃に予熱したオーブンで、30〜40分ほど焼く。竹串を刺してみて、透明な肉汁が出てきたらOK。そこで一旦取り出し、残りのソースを塗ってから、さらに5分焼く。

大きなスプーンの背を使い、薄く均一にソースを塗っていく。

From 志麻さん

フランス流のミートローフですが、実は焼くまでの作り方はハンバーグとほぼ同じ。簡単な上に、食卓の真ん中に「ドン！」と置いたときにインパクトが大きく、パーティーやお祝いにもピッタリです。

調理目安
40分

きちんと巻かないのが「おいしそう!」の秘訣

ごろごろロールキャベツ

材料（2～3人分）

合びき肉…400g
キャベツの葉…8～10枚（大小合わせて）
玉ねぎ…1/2個
にんじん…2本
卵…1個
食パン（6枚切り）…1枚
牛乳…1/2カップ（100ml）
カットトマト…1缶（400g）
ローリエ…1枚 ―― なければ入れなくてもOK。
水…2カップ（400ml）
コンソメ（固形）…2個
塩・こしょう…各適量

作り方

① たっぷりの湯を沸かし、キャベツの葉をゆでる。破れない程度に軟らかくなるのが目安。ザルに上げて粗熱が取れたら、芯を取る。にんじんは2cm幅の輪切りにする。

② 玉ねぎはみじん切りにし、ラップに包んで電子レンジ（600W）で2分加熱し、冷ましておく。

③ ボウルに牛乳、溶いた卵を入れ、食パンをちぎって入れ、手でよく混ぜる。さらに、ひき肉と②の玉ねぎを入れて、塩・こしょうをし、粘り気が出るまでしっかりとこねる。

④ ③を4等分に分けて丸める。真ん丸のこぶし大にする、大胆な形が志麻さん流!

⑤ 肉ダネ1つにつき、①のキャベツ2～3枚で包む。

⑥ 包み終わりを下にして、鍋にぎゅうぎゅうに並べる。さらに隙間ににんじんを入れる。

⑦ 水とカットトマトを入れて中火で熱し、沸騰したらあくを取り、コンソメ、ローリエを加えてから蓋をして、中火で25分ほど煮込む。

⑧ 器にロールキャベツとにんじんを盛り、上からソースをかける。

志麻さんの「おいしい」ワザ

ロールキャベツは巻かずにかぶせる

芯を取ったキャベツに肉ダネをのせ、破れ目や切れ目を合わせるように軽く包む。

2枚目のキャベツを手のひらに置き、1枚目の継ぎ目が下になるように置いて、ふわりと包む。肉が外から見えないように、2枚目は、破れ目を隠すように包むこと。

ゆでても硬い芯は包丁で取ってしまう。

鍋は小さめがGood。ぎゅうぎゅうに詰めると、煮ている間にロールキャベツが動かず、崩れない。

From 志麻さん
私のロールキャベツは、巻くのでなくかぶせるだけ。1つにつき10秒程度でできてしまいます。ゴロンと存在感のある大きさは、ただお皿にのせるだけで、レストランのような盛りつけが完成します。

調理目安
50分

驚きの軟らかお肉！ 子どもでも食べやすい

鶏肉の赤ワイン煮

材料（2～3人分）

鶏もも肉…2枚（400g）
玉ねぎ…1/2個
にんにく…1かけ分
赤ワイン…700ml
コンソメ（固形）…1個
塩・こしょう…各適量
小麦粉…大さじ2
サラダ油…大さじ1

焼き色がつくまで、肉は動かさない。肉汁が閉じ込められて、ジューシーな仕上がりに。

作り方

① 鶏肉はキッチンペーパーで水気を拭き取り、大きめの一口大に切る。両面にしっかり塩・こしょうを振って、下味をつける。玉ねぎとにんにくはみじん切りにしておく。

② フライパンにサラダ油とにんにくを中火で熱し、鶏肉に薄く小麦粉をまぶしながら、皮目を下にしてフライパンに入れ、焼く。

③ 片面に焼き色がついたら裏返し、同様に表面に焼き色がついたら、玉ねぎと赤ワインを入れる。

料理に使う赤ワインはフルボディのものを選ぶほうが、コクのある仕上がりになる。ワインに酸味がある場合は、はちみつや砂糖（分量外）などの甘みを加えるといい。

④ ひと煮立ちしたらコンソメを加えて、30分ほど煮込む。時々鶏肉を裏返し、赤ワインの色が均一に付くようにしながら、煮詰める。

⑤ 煮汁が半分くらいまで煮詰まり、とろみがついてきたら、火を止める。

ふつふつと沸騰させながら煮詰めていく。フライパンにこびりついた肉のうまみは、菜箸などでこそげながら、ソースに混ぜて。

From 志麻さん
赤ワイン煮は牛肉が定番ですが、鶏肉だと、牛肉よりもさっぱりとした仕上がりに。じっくり煮込んで軟らかくなった鶏肉は、子どもも大好き！"子どもっぽくない"メニューを子どもが好きな食材で作るのも、子育てレシピのアイデアのひとつです。
盛りつけに野菜のグラッセ（p.60）をプラス。ゆで野菜をのせてもいい。

調理目安

50分

ミートソースは平日用に作り置き！

ラザーニャ

材料（4人分）

ミートソース
- 合びき肉…400g
- 玉ねぎ…1個
- にんにく…2かけ分
- カットトマト…2缶（800g）
- 水…2カップ（400ml）
- コンソメ（固形）…1個
- トマトケチャップ…大さじ6
- 塩・こしょう…各適量

オリーブ油…大さじ2
ラザニア用パスタ…6枚
ホワイトソース…300g（作り方p.14）
溶けるチーズ…60g

作り方

① 最初にミートソースを作る。玉ねぎとにんにくはみじん切りにする。

② フライパンにオリーブ油とにんにくを弱火で熱し、玉ねぎと塩ひとつまみを入れて、じっくり炒める。

③ 玉ねぎが透き通ってきたら、ひき肉を入れて塩・こしょうをし、肉が白っぽくなるまで炒める。

④ カットトマト、水、コンソメ、ケチャップを入れて、トマトをつぶしながら、水っぽさがなくなるまで15分ほど煮る。味見をしながら、足りないなら塩・こしょうで味を調える。

⑤ 鍋にたっぷりの湯（分量外）を沸かし、1%の塩（分量外）を入れて、ラザニア用パスタを袋の表示時間通りにゆでる。ゆで上がったパスタはザルに上げて、水気をキッチンペーパーで拭き取る。

⑥ 耐熱容器にパスタを敷き、ミートソースの1/4の量、ホワイトソースの1/4の量を順に重ねる。この作業をあと3回繰り返して4層にする。

⑦ チーズを表面に散らし、230℃に予熱したオーブンで焼き色がつくまで20分ほど焼く。

志麻さんの「おいしい」ワザ

手間にメリハリをつける

ソースと生地を薄〜くきれいな層にしようと頑張りがちだが、「取り分けたときにソースがバランス良く盛られればいいのですから、写真のように点在させるので十分。破れた生地も、下の層に使いましょう」。

このくらい水分が飛ぶまで煮詰める。

From 志麻さん

ミートソースもホワイトソースもいろいろな料理に活用できますから、週末に多めに作り、冷蔵や冷凍で保存しておくといいですよ。ミートソースは、じゃがいものピュレ（p.88）を重ねてチーズを散らし、230℃に予熱したオーブンで約10分焼く「アッシュ・パルマンティエ」もおすすめです。

調理目安
60分

肉×水×塩・こしょうでソースまで完成させる！

ローストポーク

材料（3～4人分）

豚肩ロース肉（ブロック）…600g
水…1/2カップ（100ml）
塩…小さじ1
こしょう…適宜
サラダ油…大さじ1

作り方

① 豚肉はキッチンペーパーで水分を拭き取り、しっかりと塩・こしょうをもみ込む。

② フライパンにサラダ油を中火で熱し、豚肉のすべての面に焼き色がつくように、回しながら焼く。

③ 蓋をして弱火で途中でフライパンの向きを変えながら、30分ほど蒸し焼きにする。

中まで火が通っているか心配な場合は、一番厚い部分を切って確かめてみる。

④ 豚肉を取り出しアルミホイルで包み、15分ほど寝かせる。

⑤ ソースを作る。③のフライパンに、④のアルミホイルにたまった肉汁と水を入れて弱火で熱し、煮詰める。

⑥ 器に好みの厚さに切った豚肉を盛り、食べるときにソースをかける。

志麻さんの「おいしい」ワザ

「多すぎ？」の塩がちょうどいい

「シンプルなのにおいしいフレンチの秘密は『塩』です。肉や魚に最初にしっかりと塩をしておくことで、肉のうまみをしっかりと引き出すことができます。写真は塩を振った直後の状態。目安にしてください」

それぞれの面にこのくらいの焼き色がつくまでは、肉を動かさない。

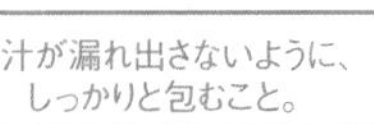

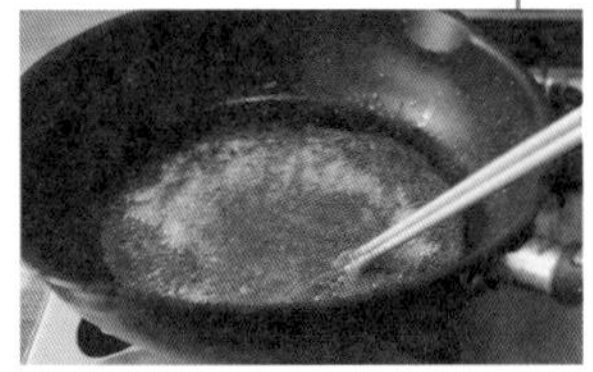

フライパンについたうまみを浮かして煮詰めれば、水だけでおいしいソースに！

From 志麻さん
塊のまま食卓に出し、目の前で切り分けると、
食事の楽しさを家族で共有できます。お肉
がしっかりとした味なので、シンプルなじゃが
いものピュレが付け合わせにぴったりです。
じゃがいものピュレ（p.88）と
クレソンを付け合わせに。

Conversation sur l'éducation alimentaire

志麻さん×太田百合子さん（管理栄養士）食育対談

好き嫌いも遊び食べも成長の証し。「すごい！」と喜んでいいんです

「志麻さんの、子どもと食に向き合う姿勢に共感します」と話すのは、管理栄養士として多くの子どもの食に向き合ってきた太田百合子さん。太田さんから、専門家としてのアドバイスもいただきます。

太田百合子さん（以下、太田さん） 志麻さんの「何を食べるかより、まず楽しく食べること」という考え方に同感です。管理栄養士として、クリニック勤務も含め、長く食育に携わっていますが、食事のマニュアルに沿うことに必死で、子どもと向き合う余裕をなくした家庭が増えている印象です。専門家としては、「マニュアルは指針であって、参考程度に」という気持ちなのですが、なかなか伝わらない。なので、志麻さんの本が、子どもと食との関係をおおらかに考えるきっかけになるといいと思います。

志麻さん それは「レシピ」の考え方と一緒ですね。私も本を書くときには、「すべてをレシピ通りと考えないでください」と伝えています。人により好みの味も違うし、鍋やコンロの火の強さで加減も変わります。「弱火で30分」という表記で、鍋の状態を見ずに〝弱火で30分〟放置したら、焦げたとか、逆に火がしっかり通っていなかったということもあります。レシピは見つつ、目や耳で確認し、味見をして、最終的には自分がおいしいと思うように作ってほしいと思っています。

太田さん 「自分で見る」というのは、まさに子育てにもいえることです。子育ての悩みのひとつに、「子どもが小さい」というものがあります。特に、乳幼児期から幼少期に多いのですが、身長や体重の数値が平均よりも少ないと、発育に問題があると心配してしまうのです。そして、食事について「あまり食べないから大きくならない。もっと食べさせたい」と、必死になってしまいます。

志麻さん 私の長男も小さめで、食も細いのですが、あまり気にしないようにしています。長男のペースで大きくなっているので、これでいいのかなって。

太田さん いいんですよ。母子健康手帳に「成長曲線」というものが載っていて、男女別に月齢・年齢ごとの、身長と体重のバランスの平均値がグラフになっています。真ん中に太い線があり、上下に、だいたいこのくらいに収まっていればいいという考え方があるのですが、その真ん中の線を「正解」と思い、そこに近づけなければいけないと思い込んでしまう人が多いんです。けれども実際には、その線は平均値であり、重要なのはカーブの描き方。その線から上でも下でも、カーブに沿って増えていれば問題はないんです。

――どこまで気にしなくていいのでしょうか？

太田さん 急激に増えたり減ったりせず、成長曲線に沿っていればＯＫ。実は私の子は、保育園で身長は一番高くて、体重は一番少なく、成長曲

「好き嫌い」を克服できるのは大人になってから

太田百合子さん
管理栄養士／東洋大学非常勤講師

東京・青山の「こどもの城小児保健クリニック」を経て、現在は大学などの非常勤講師、講習会講師、子育て番組出演や育児雑誌の監修などを務める。『やさしくわかる月齢別 離乳食のきほん事典』(西東社)をはじめ、乳幼児の食に関する著書も多数。

線でいえば、体重は底辺だったんです。しかも、小食。けれど、成長曲線に沿って増えてはいたから、心配しすぎないようにしていました。今は30歳を超えていますが、とても健康です。だから、成長曲線のラインに沿って増えていればいいというのは、もっと浸透してほしいですね。

「嫌いな野菜」は調理の仕方を変えてトライ！

――子どもの好き嫌いを気にする家庭もとても多いです。どのくらい、好き嫌いをなくす努力をすればいいのでしょうか？

太田さん　そんなに頑張らなくてもいいと思います（笑）。もちろん、野菜を全部食べないのなら工夫するべきですが、ほとんどの場合が、嫌いな野菜があるけれど、食べる野菜もある状態。それは問題ないです。

志麻さん　家政婦として伺うと、「嫌いな野菜を食べられるようにしたい」というオーダーは多いです。そこで、調理の仕方を変えたり切り方を変えたりしてみると、「食べてくれました」という報告が増えます。野菜は、中途半端に火を通すと青臭さが残ってしまいますから、生で使うか、煮込みでしっかりと火を通すようにしています。そうすると食べやすくなると思います。

太田さん　さすが、料理のプロの視点ですね。確かに、「食べない」と思っても、自分の調理の仕方を見直す人は少ないかも。参考にしてほしい話です。一方で、「好き嫌い」って、大事な成長過程だという考え方もあるんですよ。

――好き嫌いしてもいい、ということですか？

太田さん　だって、すごくないですか。「これが好き、これが嫌い」と自分で判断して、それを意思表示するるって！　幼少期については、好き嫌いは当たり前のことで、「ちゃんと言えるようになったんだね」と、成長を喜んでもいいくらい。好き嫌いについては、10歳くらいになると、子どもが自発的に「食を整えていこう」と思うようになります。そこから徐々に食べるようになって、克服できるのは大人になってから。幼少期は、嫌いなものを無理に食べさせなくてもいいと思います。

志麻さん　私の子どもにも好き嫌いはありますが、あまり気にせず、親の気分で食べたいものを食卓に並べています。「嫌い」というものも、「一口だけ食べてごらん」と言うと一口は食べるので、「もうそれでいいや！」と思って。私や夫がおいしそうに食べていれば、いつか食べてくれるのではないかと思っています。

太田さん　そうですね。先ほど、10歳くらいから自分でバランスを考えるようになると言いました。だからこそ、嫌いなものは食べさせない、ではなく、食卓に並べて大人がおいしそうに食べて見せる、というのは大事ですね。子どもにはその記憶があるから、10歳を過ぎると突然、「食べてみようかな」と思うんです。

志麻さん　そうですね。子どもは、何かきっかけがあると食べられるようになるというのは、家政婦として伺った家庭を見ても思います。

自分で好きなものを選ぶ形式が新しい食育のスタンダードに

太田さん　志麻さんの、家族でおいしく食卓を囲むというのは、まさにフランス式ですね。フランスには「まずは食べる喜びを大切にする」という考えがあると聞きました。日本でも、「一緒に食べる」ということを重視しているんですよ。生後9カ月くらいからは、大人と同じ時間帯に

「一口だけでも
食べてみて」と
声掛けします

食べられるように発達していますから、一緒に食べるように推奨していますが、「子どもに先に食べさせる」ことをやめられない人も多いです。「大人の食事っておいしそう！」と感じ、大人と一緒に食べることで、自然に離乳食から普通の食事へと移行していくんですけれどね。

志麻さん　私の家では、子どもたちが保育園にいる時間以外は、家族全員で食事をしています。

太田さん　理想ですね。今は働く女性が増えて、親子が一緒に食べることが少なくなってきています。両親が朝ごはんを食べない家庭で育った子は、小さい子でさえ、朝ごはんが欠食になることがあるといわれています。一緒に食べていたら「これおいしいね」と食べる両親につられて食べることもあるけれど、一緒に食べる経験がないと、嫌いなものは残してもいいと思ってしまいます。

志麻さん　うちは食卓に大皿で出して、それぞれが食べたいものを取るようにしています。フランスでその光景を見て、「いいなあ」と思い、取り入れました。

太田さん　日本も、もともとは大皿で食卓に出す文化がありました。

志麻さん　そうだったんですか？

太田さん　それがだんだん、肥満の子どもが増えたり好き嫌いが増えたりして、個別に盛ったほうがバランス良く食べるのではないかと変わってきました。けれど、また見直しが始まっています。一部の保育園で食育として、バイキング形式を取り入れていますが、効果を発揮しているんです。適量を取って食べる練習になるし、小食の子も「自分で取ったから」と食べるようになった、という報告もあります。

志麻さん　うちでも、子どもに食べたいものを選ばせています。そして、

私の家も、
まずは楽しく
食べることが
優先です

「自分で食べるって言ったから、食べようね」と声を掛けます。

太田さん　6歳くらいからは、自分で好きなものを取らせると、自然に栄養バランスが取れた組み合わせをつくるようになるといわれています。幼少期から、それを実践できているのはすてきですね。

「見守る」余裕を持つことで子どもの食事は整っていく

太田さん　志麻さんは、子どもを「見守る」ことが自然にできているのが素晴らしいと思います。「これを食べさせなきゃ！」でなく、「これは食べているかな？」という観察が先にできている。その上で、きちんと声掛けをしていますよね。

――上の子は、2歳のときから料理のお手伝いもしているんですよ！

太田さん　台所は危ないから、入ってこられないように柵をしている家も多いのに、すごいですね！

志麻さん　赤ちゃんのときから背負って料理をしていたので、料理に興味があるみたいです。ちゃんと見て、手を添えれば大丈夫だと、小さい頃から一緒に料理しています。

太田さん　見守っていれば、やらせていけないことは少ないんです。今はどうしても効率が優先になってしまい、お手伝いさせないどころか、本来は食卓をぐちゃぐちゃにしながらも、自分で食べる意欲が湧くはずの2～3歳の時期でも、「こぼすから」「好き嫌いをなくしたいから」と、親がスプーンを持って子どもの口に運ぶ家庭があります。そうやって、子どもが「自分でやってみる」という機会を奪うことで、食への興味はどんどん薄れてしまいます。見守る余裕を持つことが、なんでもよく食べる子どもを育てるためには大切なんですよね。

子どもが1人で
食べる機会を
減らしましょう

Q 子どもが食事に集中してくれず、怒ってばかりです…

A 「お腹いっぱい！」のサイン。無理せず食事を終えて

太田さん　遊び食べは発達のひとつ。1歳頃から、つかんだおもちゃなどを落としたり、投げたりするようになります。それを、食べ物でもやりたがるんですよ。だから、「そういうのはダメよ」と軽く注意しつつ、集中力が切れたサインと受け取り、「『ごちそうさま』しようか」と声を掛けましょう。

志麻さん　うちでは、落とすのはダメだけれど、混ぜたり触ってつぶしたりするのは、食べ物に興味があると考えて、あまり怒らないようにしています。

が答える
悩み Q&A

Q おやつは食べさせてもいいの？

A ダラダラ食べはさせず、ルールを作れば幼児からOK

太田さん　3～4歳頃になると、友達に好きなおやつを「食べて」と分け与えられるようになる。もっと小さい子は、好きなものは人にあげないんです。おやつを通じて人と共有することを学ぶのは、「社会食べ」といって、大切な成長過程。時間と量を決めれば問題ありません。

志麻さん　大切なのはメリハリだと思っています。時間を決めて食べるようにしたり、食事の前なら「ごはんの後にお腹が空いていたら、食べようね」と声を掛けたりしています。

太田さん　子どもの体型については、意外と保護者の思い込みということもあります。客観的にカウプ指数（※）などで判定するといいかもしれません。もし、急激な体重増加がみられたら、食事内容が偏っていないか、おやつをだらだら食べていないか、また、夜型の生活リズムになっていないか、よく体を動かして遊んでいるかといった生活習慣も見直してみましょう。子どもに「太っている」などと言ってしまうと、劣等感に繋がりやすいので厳禁です。

※生後３か月から５歳までの乳幼児に対して、肥満や痩せているなど、発育の程度を表す指数。

Q 子どもが「太っている」のが気になります。

A

本人に「太っている」は厳禁。食事のバランスの見直しを

志麻さん＆太田先

子育て×食事の

Q 子どもが「ママ、ママ」と騒ぐので、料理に集中できません。

A

思い切って「お手伝い」！食べ物に親しむことで五感が刺激されます

志麻さん　料理中もママと一緒にいたいと意思表示されたら、私はお手伝いしてもらっています。小さい頃は「ちぎる」作業を、３歳になった今は、卵を割ったり混ぜたりもしてもらっています。おかげで、食べることに興味を持つようになりました。

太田さん　五感は視覚、触覚、嗅覚、聴覚、味覚というように、順に獲得していきます。食材を見たり、触ったり、においをかいだり、鍋がグツグツいう音を聞いたり…。お手伝いは五感を刺激し、発達を助けます。

Noël 2019
1 Mois
2 Mois
3 Mois
4 Mois
5 Mois
6 Mois
7 Mois
8 Mois
1 Mois
2 Mois
3 Mois
4 Mois
5 Mois
6 Mois
7 Mois
8 Mois
9 Mois
10 Mois

Bon appétit!

［この本に登場する料理］ Index

メインの食材別
肉・魚・加工食品

野菜

その他

志麻さんのワザ

手際がよくなる

おいしく仕上げる

Staff

Photographer
柳原久子（water fish）、矢作常明（p.114-121）

Designer
橘田 浩志　山口康成　奥田一平（attik）

Writer
熊谷有真

Management
平田麻莉

志麻さん式 定番家族ごはん

2020年11月2日　第1版第1刷発行
2020年11月17日　第1版第3刷発行

著者　タサン志麻
発行者　南浦淳之
発行　日経BP
発売　日経BPマーケティング
〒105-8308　東京都港区虎ノ門4-3-12
校正　篠原典子（伽寧舎）
編集　岸本洋美
本文DTP　フォレスト
印刷・製本　大日本印刷

本書籍に関するお問い合わせ、ご連絡は下記にて承ります。
https://nkbp.jp/booksQA

ISBN 978-4-296-10772-8

Bon appétit!